数字化改革 ①

基础革新

数字化促进新基建

高峰　周伟华 / 等著

ZHEJIANG UNIVERSITY PRESS
浙江大学出版社
· 杭州 ·

图书在版编目（CIP）数据

基础革新：数字化促进新基建 / 高峰等著.—杭州：浙江大学出版社，2022.10
ISBN 978-7-308-22750-6

Ⅰ.①基… Ⅱ.①高… Ⅲ.①数字技术－应用－企业改革－研究－浙江 Ⅳ. ①F279.275.5-39

中国版本图书馆CIP数据核字（2022）第105752号

基础革新：数字化促进新基建

高 峰 周伟华 等 著

责任编辑	卢 川	
责任校对	陈 欣	
封面设计	卓义云天	
责任印制	范洪法	
出版发行	浙江大学出版社	
	（杭州市天目山路148号 邮政编码310007）	
	（网址：http://www.zjupress.com）	
排 版	杭州林智广告有限公司	
印 刷	杭州钱江彩色印务有限公司	
开 本	710mm×1000mm 1/16	
印 张	11.75	
字 数	141千	
版 印 次	2022年10月第1版 2022年10月第1次印刷	
书 号	ISBN 978-7-308-22750-6	
定 价	58.00元	

序

　　数字经济是继农业经济、工业经济之后的主要经济形态，数字经济发展是中国在第四次工业革命中实现换道升级的宝贵机遇，对实现高质量发展和中华民族伟大复兴具有非常重要的战略意义。

　　数字经济发展包含了生产要素、基础设施、产业模式和生产工具等多方面的革新。在数字经济时代，知识和数据被广泛地运用于人类社会生产、生活和社会治理，成为并列于人力、土地和资本的新要素；5G 通信、互联网络、云计算、区块链等成为新的重要基础设施；数字平台和网上协作等成为新的产业模式；信息软硬件和人工智能成为新的重要生产工具。数字经济在要素、基础设施、产业模式和生产工具方面的革新，可以大大加快创新的供给和扩散，优化生产函数中的要素配置，提高生产和服务效率，降低交易成本，从而提高产业竞争优势。

　　当然，作为新生的经济形态，数字经济也是人类发展的新阶段，机遇与风险并存。现有产业如何转型？新生产业如何发展？全世界都在关心这些问题。2021 年 12 月国务院印发了《"十四五"数字经济发展规划》，描绘了全国向数字经济进军的方案，浙江省确立实施数字经济"一号工程"，经过多年持续推动，取得了丰富的经验和成果。本书汇总了杭州未来科技城相关企业数字化改革先锋行动的经验，对于全国乃至全世界如何发展数字经济具有重要的借鉴作用。

21世纪的数字化变革，是人类发展史上一场十分重要精彩而深刻的变化，其背景是世界正在从原来的"人—物"二元空间，演变为"人—物—信息"三元空间，由此产生的大数据等新的信息流和增强现实（AR）、工业互联网、数字孪生、元宇宙等新的技术，也会推动经济、管理、文化等学科的大变化。与此同时，人工智能也走向了2.0时代。人工智能是数字经济发展重要抓手。2017年7月国务院印发的《新一代人工智能发展规划》提出，人工智能作为新一轮产业变革的核心驱动力，引发经济结构重大变革，深刻改变人类生产生活方式和思维模式，实现社会生产力的整体跃升。本书的众多案例也充分体现了人工智能在智能经济、智能社会、智能城市、元宇宙、智能制造等从宏观到微观领域的前瞻应用。

中国数字经济规模仅次于美国，位居世界第二。加快产业数字化转型，是我国经济整体实现提质增效发展的重要途径。历史可能会证明，在这场伟大的变革中，我国的体制和基础更有利于我们为人类登上新高峰作出贡献。

潘云鹤

2022年8月3日

前言

党的十九大以来，习近平总书记多次指出，"当今世界正经历百年未有之大变局"。这是立足中华民族伟大复兴战略全局，科学认识全球发展大势、深刻洞察世界格局变化而做出的重大判断。在这场大变局中，数字技术的快速发展推动数字化变革，以数字化为标志的数字经济已经成为经济的重要组成部分。

从全球范围来看，科技创新和数字化变革正催生新的发展动能，并快速迭代演化。数字化变革是继云计算、大数据、人工智能（AI）、物联网和区块链等新技术词汇之后，又一个社会化热词。然而，数字化变革并不是个新词。自 20 世纪 80 年代 PC（个人电脑）逐步普及后，基于 PC 和单机软件的全球第一次大规模信息化浪潮，催生了第一波"数字化变革"；20 世纪 90 年代的互联网浪潮掀起了全球第二次大规模信息化浪潮，催生了第二波"数字化变革"。如今，我们正处于全球第三次大规模信息化浪潮之中，以移动互联网、云计算、大数据、人工智能、物联网和区块链等为代表的新一代信息技术，催生了第三波"数字化变革"，新技术正在改变全球价值链。

中国正处于数字技术带动经济发展的爆发期和黄金期，数字经济正不断激活新消费市场、带动供给侧升级，成为国内大循环的重要组成部分。浙江正担当实施大数据国家战略、推进数字化改革的探索者和创新者的大任。2021年，浙江用一次全省数字化改革大会开启了牛年新局。数字化改革是数字浙江建设的新阶段，是政府数字化转型的一次拓展和升级，与"数字中国"建设一脉相承。

杭州未来科技城被中共中央组织部、国务院国有资产监督管理委员会列为全国四大未来科技城之一，集聚了高能级科创平台、高水平研究机构、世界级数字化企业和数万家创新型企业。在推进数字化改革的任务中，未来科技城按照浙江省"1+5+2"体系架构，大力推动数字基础设施建设，完善数字经济发展规划，促进产业数字化和城市数字化协同发展，打造高质量跨越式发展新动能。

鉴于以上原因，本书主要通过对杭州未来科技城数字化改革新动能建设和相关企业数字化改革先锋行动的梳理，总结统筹运用数字化技术、数字化思维、数字化认知的经验，提炼数字赋能改革、数字赋能城市、数字赋能产业的宝贵经验，为各地从整体上推动经济社会发展和治理能力的质量变革、效率变革、动力变革，实现整体智治、高效协同提供借鉴。

这是一个数字化的时代，更是一个改革创新的时代。杭州未来科技城作为创新策源地核心区的地位更加凸显，必将在打造未来产业引领地和未来城市样板地方面展现主力担当。

著　者

2022 年 6 月 16 日

目 录

CHAPTER 1

第一章

从浙江实践看数字化改革

浙江的数字化改革既是中央对浙江的要求，也是浙江基于自身互联网产业集群、互联网技术创新拓展、互联网人才聚集等优势发展的重要延伸，更是我国建设高度文明社会、达成共同富裕目标的重要尝试。浙江也正在建立数字化改革和重大应用的评价指标体系。总的来讲，就是要突出"实战实效"这一原则。

一、数字化改革，归根结底还是要突出"实战实效"

数字化改革是一场构建现代治理体系的深刻革命，要求各级党政机关破除体制机制障碍，以数字化驱动制度重塑，构建数字时代新型生产关系，使上层建筑适应生产力、生产关系发展，实现从技术理性向制度理性的跨越。①

（一）推进制度重塑，形成数字化改革理论体系

《浙江省数字化改革总体方案》提到的制度重塑主要包含三大重点：党政机关运行机制重塑，党政机关与社会、企业的制度链接重塑和企业与企业、企业与社会等多元社会主体沟通机制重塑。重塑党政机关运行机制，从根本上解决内外融合、上下贯通等难题，实现党政机关内部高效协同；重塑党政机关与社会、企业的制度链接，从根本上解决内外信息不对称、政策回应慢等难题，实现党政机关与社会高效协同；重塑企业与企业、企业与社会等多元社会主体的沟通机制，从根本

---

① 以数字化驱动制度重塑 [N]. 浙江日报，2021-04-02.

上解决社会交易成本偏高等难题，促进全社会各类主体高效协同，实现各领域全方位的流程再造、规则重塑、功能塑造、生态构建。[①]

重塑党政机关运行机制方面，围绕省域治理现代化目标，以加强党的全面领导、服务省委"总揽全局、协调各方"为主线，运用系统观念、系统方法和数字化手段，组建大成集智数字化改革专家组，推进党政机关全方位、系统性、重塑性改革。在全面梳理党政机关核心业务基础上，充分利用政府数字化转型成果，建设党政机关整体智治综合应用，着力构建党政机关核心业务多跨高效协同、重点任务和紧急协同工作综合集成、数字化改革闭环管控的工作运行体制[②]。

重塑党政机关与社会、企业的制度链接方面，围绕建设人民满意的服务型政府、持续优化企业营商环境两大目标，运用先进数字技术，统筹推进政府效能管理改革和涉企服务改革。发力政府治理质量、效率和公信力的提升，集成"互联网 +"督查、巡视巡察、政务公开、"浙里访"、绩效管理、建议提案办理、政务信息采编等子系统，着力构建目标体系量化、工作体系具化、政策体系细化、评价体系实化的政府治理闭环执行链条。持续优化政府涉企服务，深入推进告知承诺制、高频事项"智能秒办"等涉企改革。持续深化"浙里办""浙政钉"涉企服务智能化应用，优化惠企政策供给，集成省企业综合服务、创新资源服务、知识产权保护、公共资源交易、"互联网 +"监管、要素资源配置、政府采购等系统应用。

重塑企业与企业、企业与社会等多元社会主体的沟通机制方面，积极建设数字化改革制度规范体系，以数字化改革标准体系为引领，

---

① 浙江省数字化改革总体方案 [G]. 中共浙江省委全面深化改革委员会，2021.

② 数字政府蓝皮书：中国数字政府建设报告（2021）[R]. 中共中央党校，2021.

以数字化改革项目管理制度体系为保障，构建全社会各领域内通行的机制体制和工作规范，促进各类主体的高效协同，探索数字化改革社会化、市场化发展。其一，建立数字化改革项目管理制度体系。明确项目技术标准和建设要求，指导规范新建项目。健全数字化项目管理办法，完善项目立项审批、招标采购、建设实施、验收、运维与安全等管理要求，强化专家预审机制，实现对项目的全生命周期规范管理和考核评价。充分发挥展示交流平台作用，促进全域数字化能力的开源开放。其二，构建数字化改革标准体系。系统梳理数字化改革各领域的标准需求及建设业务、数据、技术、安全、研发、运维标准规范，构建完善的标准规范体系，推动标准实施和监督管理。

（二）贯通数据资源，数据服务迎来新要求

2003 年 1 月，浙江开全国之先河提出"数字浙江"建设理念，从电子政务云"四张清单一张网"，到全面启动"最多跑一次"改革，从政府数字化转型，到全面启动数字化改革，在推动一大批数字化应用场景落地的同时，浙江省沉淀了海量的数据资源，而数据服务可以搭建起"数据"与"应用"之间沟通的桥梁，帮助各主体更好利用数据这一"数字经济时代最有价值的资源"。数据服务包括数据传输服务、数据存储服务、数据分析服务、数据安全服务等。目前数字化改革对数据服务带来了以下几个新要求：

第一，数据采集精准化。随着数据质量在数字化改革中的重要性日益显著，如何保证数据"高质量进，高质量出"以及更加高效地激活"闲置数据"的潜在价值成为关键。因此需要在源头上实现更加精细化的数据采集、高精度的数据标注等服务模式，进而有效解决数据接入多样性所带来的数据集成复杂、效率低下等问题，使采集和储存的数

据真正成为一项有价值的"资产"，而非一项影响整体效率的"负债"。

第二，数据高效共享。虽然目前在数字化改革的过程中已经形成了一系列数据共享的机制，打通了多部门间的数据壁垒。但这些并不足以支撑这场全方位、系统性的数字化改革。对此，浙江参与过信息化建设的人员最有感触——以前主要靠各部门、领导牵头"协调"，现在是各单位"协同"。一字之差，折射出数字资源配置方式之变，背后是数据共享机制的完善和技术的迭代升级。

第三，数据安全与隐私保护。《中华人民共和国数据安全法》的出台，对政府及企业合法使用数据、保护个人隐私等提出了极高的要求。在新的体系下，传统方式已经无法适应新时代的数据安全需要，面临数据安全的新态势、新要求，要在继续做好业务安全的基础之上，通过智能化管理平台，在技术层面实现对风险核查能力、数据梳理能力、数据保护能力以及数据威胁监控预警能力四大核心能力的建设，在业务层面实现对数据采集、传输、存储、处理、交换、销毁全生命周期的管理，进一步加强对数据安全与隐私的保护。

第四，与先进数字技术的融合。2019年被称作5G元年，5G技术高速度、低延迟、低功耗等特点，将为数据服务带来新的变革。2020年以来，区块链技术被纳入了"新基建"范畴，而区块链技术在提高数据安全、促进数据流动、建立数据共享体系方面的应用逐渐得到广泛关注；云计算和大数据技术的快速发展，可以有效地帮助整合各类数据资源，实现跨部门、跨层级、跨业务数据的高效对接与协同；人工智能技术一方面可以更高效地完成数据资产的管理，另一方面能够更好地处理和分析数据，帮助更高层次应用的加速落地。

数字化改革是"最多跑一次"改革和政府数字化转型的迭代深化。从改革重点看，数字化改革涉及经济社会、民主法治、文化体育、生态建设和党的建设等领域，因此需要推动数字化手段在各个领域的实践应用、集成创新，这就对数据服务这一连接数据与应用的"桥梁"提出了新的能力需求。目前有学者认为，数字化改革对数据服务提出了以下八个能力域的要求，即数据战略、数据治理、数据架构、数据标准、数据质量、数据应用、数据安全与数据全生命周期管理。这八个能力域贯穿于从数据采集到应用落地的全过程。

以亿信华辰助力浙江省医疗卫生领域的改革为例。亿信华辰是一家深耕商务智能和大数据的智能数据产品与服务提供商，其开发的产品——亿信 ABI，是亿信华辰历经 15 年打造的一站式数据分析平台。2020 年初新冠肺炎疫情期间，各基层卫生机构报表填报工作压力较大，因此，浙江省卫健委借助亿信华辰的数据采集汇总平台和亿信 ABI 打造了浙江卫生数据综合采集系统。通过这一系统的建设，实现了浙江省卫健委"最多跑一次"要求，减轻了基层工作人员的工作负担。另外，数据综合采集平台的建成在数据源头上加强了对数据质量的控制，并对数据进行分析，为各级用户提供贴近业务实际的数据查询，为管理层科学决策提供了有力的支撑依据。

（三）典型应用涌现，归根结底还是要突出"实战实效"

从 2021 年初至今，浙江数字化改革成果丰硕。各地各部门聚焦重大需求，典型应用不断涌现。

浙江的数字化改革既是中央对浙江的要求，也是浙江基于自身互联网产业集群、互联网技术创新拓展、互联网人才聚集等优势发展的重要延伸，更是我国建设高度文明社会、达成共同富裕目标的重要尝试。浙江也正在建立数字化改革和重大应用的评价指标体系。总的来讲，就是要突出"实战实效"这一原则。

第一，制度重塑的彻底性，部门协作的协调性。

各方希望通过数字化改革推动制度重塑，达成深度合作，通过人民群众的需求来反推制度重塑。以方便为民为宗旨，提升政府部门对内对外的效率，通过数字化技术的重要应用和创新应用，进行跨部门、跨平台的协调整合服务。可以通过制度重塑的彻底性和部门协作之间的协调性来评估重大应用以及部门、地方创新应用的推广价值。

第二，数字化改革推广的有效性或贡献程度。

在数字化改革的进程中，政府联合社会各界，共同构建了"政府引导—平台赋能—龙头引领—机构支撑—多元服务"的联合推进机制，将带动中小企业数字化转型作为改革重点，更大范围、更深程度地推行普惠性"上云用数赋智"服务，提升转型服务供给能力，达成了数字化改革的重要实践，促进了社会的有序发展。可以通过数字化改革的有效性或是贡献程度来评估其重要应用和创新应用的推广价值，而以上几个维度又可以通过改革主体对外的贡献或是效益增量来体现。

第三，受惠主体的收益和满意程度。

浙江数字化改革的重大应用以及部门、地方的创新应用，提升了政府部门办事效率，盘活了现有人员的服务积极性，提升了服务水平、业务水平和人民群众的满意度。可以通过政府部门办事效率，业务人员服务积极性、服务水平，受惠主体的满意度等评估重大应用以及部门、地方创新应用的推广价值。

第四，创新要素的流动性。

以往各地建立了一套基于不同标准、不同产业需求和政策环境的创新体系，这些体系各自为政，彼此之间协调存在体制机制障碍，难以发挥优势互补、协同共享的作用。① 而通过数字化改革可以更好地促进创新要素的流动,可以通过创新要素的流动范围、流动影响力等来对应用和推广的价值进行评估。

第五,持续性动态评估的推广价值。

改革创新带来的影响不仅仅局限于单纯意义上的成果,数字化改革的进程、应用和推广的过程也是至关重要的。对于改革过程中给各界、各流程带来的影响,可以通过一些相对动态化、持续性的指标来进行衡量。对门户端进程方面的可用性、用户体验感、运维规范性、推广价值等进行持续动态的衡量,突出改革进程中的实践、尝试、收获。多跨场景应用从改革进程中需求合理精准程度、多跨协同体现程度、场景落地实施进程、制度理论创新进程四个维度来进行价值的衡量,能够更直观、更动态化地展现数字化改革的进程,使得应用推广的价值逐步显现。

(四)抢抓发展风口,为世界数字化改革提供未来科技城方案

杭州未来科技城是创新策源地核心区,是未来科技策源地、未来产业引领地和未来城市样板地的主力担当。未来科技城集聚了高能级科创平台、高水平研究机构、世界级数字化企业和众多创新型企业,在数字化改革中取得了突出的成效。在数字化改革浪潮中,未来科技城将持续以数字化转型需求为导向,抢抓发展风口,通过数字赋能、创新驱动,加速相关领域关键技术的研发、集成,将数字技术合理应用,推动各类问题解决方案迭代升级,从而进一步提升数字经济产业能级。

---

① 中国社会科学院工业经济研究所课题组 . "十四五"时期我国区域创新体系建设的重点任务和政策思路 [J]. 经济管理,2020,42(8):5–16.

在下一步的发展中，未来科技城应当以建设成为未来科技、未来生活的全球标杆为目标，推动未来科技城数字化的全面转型，从基础设施入手，持续加大投入力度，构建遍及全城的数字化网络和平台；继续鼓励和支持企业发展亮点应用，围绕科技、经济和民生需求，开发基于新型基础设施的新型应用；大力支持原生应用的区外拓展，输出数字化改革的经验和标准，为整个世界的数字化改革提供未来科技城方案。

二、数字化改革的难点与破局

数字化改革，既是数字化赋能全面深化改革，也是将数字领域纳入改革范畴。以数字化改革撬动各领域各方面改革，已经成为当下和未来全面深化改革的战略选择。

（一）协同并进，形成推进数字化改革的强大合力

在数字化改革中，顶层设计和基层探索都很重要，应该呈现齐头并进的状态。2021 年 4 月 20 日，浙江省数字化改革第一次工作例会在杭州召开，省委书记袁家军的讲话提及：认识到数字化改革要遵循顶层设计和基层探索双向发力的改革规律，要全省总动员、全社会齐发动，形成"处处是推动发展的发动机、一起点火推动改革"的生动局面。这里明确表明了顶层设计和底层探索之间的关系，是一种齐头并进、双向发力的状态，需要两者双向互动、双向赋能。

数字化改革六大关系中，也有"把握好顶层设计与基层探索的关系"这一条：数字化改革是一项系统性、标准化工程，必须从一开始就放弃"零敲碎打""各自为战"的模式，从顶层加强统一规划设计，在

建设业务、数据、技术、安全、研发、运维等各个维度形成一系列统一标准规范，打破各级各类各系统数据壁垒，促进互融互通。这是由数字化改革的内在逻辑决定的，必须"操其要于上"。与此同时，任何改革都是问题导向和效果导向的，需要突破的问题归根结底来源于实践，改革的成效要由实践来检验，因此基层的实践探索同样重要，必须"分其详于下"。数字化改革要明确哪些是需要全省统一的"四梁八柱"，哪些是需要基层创新的具体场景，继而建立一套与"强化顶层设计"相适应的"揭榜挂帅"机制，充分激发基层的首创精神。

横向来看，每个主体都有各自的顶层设计和底层探索。以政府为例，作为一场旨在实现整体智治的数字化革命，数字化转型在顶层设计时，要高度重视协调不同层级政府的多样化利益诉求，具体的改革方案在设计之初就坚持开放式思维，广泛开展调研和意见征询，吸收基层实践者、技术专家和各职能部门领导共同参与"智治"参数的选择和算法的制定，加强对"整体智治"现代政府建设的前瞻性思考、系统性谋划，集成各方面智慧和经验，特别是重视倾听来自基层一线的声音，发现基层各类公共服务中存在的短板，找准人民群众生活中的各类痛点，坚持城市治理最需要解决什么、群众和企业最盼什么，就谋划、推出什么，让管理和服务更精准、更高效。通过这样的"开放式"的顶层设计，省级层面在各类方案制订中才能充分听取各层级政府实践者和相关利益群体的诉求，集中各方面的智慧，有效协调省、市、县、乡各层级政府之间的利益一致性，确定各自相对清晰的政策目标和任务安排，以此化解现有制度体系和具体体制机制带来的障碍，并减少各层级间、行政区域间、政策领域间的治理碎片化和职能冲突化。①

① 姚连营．浙江政府数字化转型中的顶层设计和基层探索有效互动机制 [J]. 浙江经济，2021（9）：54—55.

纵向来看，顶层设计和底层探索两方面起核心作用的角色不同。基础设施的建设需要统一标准，需要大量投入，因此更需要顶层设计，而政府在这里要扮演核心角色。在创新业务开展方面，就需要去找到各个痛点，需要创新的解决方案，因此更需要底层探索。企业应当扮演核心角色，而政府给予鼓励和支撑。就交互关系而言，政府需要扮演数字化改革中的元治理者角色，通过政策引导和能力支持，推动数字社会建设，包括数字时代社会运行基本规则的调整、社会主体间关系模式的转型、社会主体数字基础能力的提升等，包括企业创新的基层探索这一层。另一方面，这些转型也会反过来要求政府结构和运行机制作出适应性调整，诱导市场结构和规则的变迁，形成数字政府、数字经济、数字社会三者相互作用相互影响的新格局。①

数字化改革需要政府、企业、高校以及社会各界凝聚力量，齐心参与，共同努力，协同构建起数字化思维和数字化价值导向，形成强大合力。②

第一，政府要加强顶层设计和基层探索。组建专班攻坚，建立"一把手"抓制度，市委、市政府主要领导高度重视、示范引领，各级各部门主要负责人勇于担当、以上率下，积极谋划部署、专题协调、推动实施。③与此同时，建立一套与"强化顶层设计"相适应的"揭榜挂帅机制"，切实增强牵头部门统筹力、具体部门推进力，既要盯住重点环节，又要创新攻坚举措，充分激发各地基层的首创精神。

第二，企业作为经济组织，对市场变化反应最为灵敏，要顺数字化改革之势而为，为数字化改革提供加速度。浙江数字经济发达，拥

---

① 郁建兴. 发挥政府在数字化改革中的关键作用 [N]. 法制日报，2021-03-03.

② 兰建平. 寻找数字化改革的理论矩阵 [J]. 浙江经济,2021(9):15.

③ 阎勤. 抓住"统""通"两大关键，体系化规范化推进数字化改革 [J]. 宁波通讯,2021(21):16-19.

有数量众多、技术出众的互联网"大厂",这些企业可以利用数据分析的技术优势,精准找到用户需求,为部门间业务协同提供建议,主动参与,提前参与改革。除此之外,其他企业也应积极加入数字化浪潮,参考"认知—计划—实施—评估"四步走战略,全面参与改革。在认知层面,企业必须意识到依据业务环境变化进行改革转型的重要性,任命实施数字化的领导层,组建数字化团队;在制订计划层面,企业需要谨慎评估自身的数字化成熟度,分析当前和未来的商业模式,了解消费者需求和用户体验,在此基础上绘制数字化路线图;在实施计划阶段,企业理当任命技术负责人并为每个计划方案组建团队,制订详细的工作计划,选择供应商和技术,开发必要的软件等;在评估阶段,企业必须实时监测和感知新变化,对技术和商业环境正在发生的情况做持续不断的更新。[①] 总的来说,企业需要转变设计思路,迭代升级开发技术,真正上"跑道"。

第三,科研院校在数字化改革中扮演着重要角色,要充分发挥先导性和全局性作用,找准服务数字化改革的切入点,实现产、学、研的紧密结合。浙江省数字化改革是一个复杂的全方位探索过程,高校作为服务地方经济和社会发展的智库,可以参与浙江数字化改革课题研究、发表高价值调研报告,为政府和企业设计规划和政策方案,进行可行性研究,提供技术支持。同时,数字化改革需要理论和技术实践相结合的复合型人才,高校应当根据需要培养并输送紧缺的高质量人才。

言而总之,数字化改革要紧抓"一体化"和"全方位"两个关键词。政府、企业、地方高校要一体推进、步调一致、高效协同。数字化改革没有局外人,社会中各主体、各成员无一例外都是数字化改革的参

---

① 参见 [以] 拉兹·海飞门(Raz Heiferman),[以] 习移山(Yesha Sivan),张晓泉 . 数字跃迁:数字化变革的战略与战术 [M]. 北京:机械工业出版社。2020:235-247.

与者、见证者、监督者、受益者。各大官方主流媒体也可以组织开展数字化改革系列报道，形成全社会共同参与的良好氛围，激发各领域能力全方位推进数字化改革，不断提升整体协同效应，实现相互贯通、系统融合。

（二）立足数字化改革，仍需解决三大难点

现阶段，数字化改革面临三个难点。首先是如何推动新型的数字化基础设施的快速建设。数字化改革和发展的立足点就是新的基础设施。没有数字化基础设施的完善，数字化改革和发展就是无源之水。数字化基础设施的建设还需要从顶层加强统一规划设计，在建设业务、数据、技术、安全、研发、运维等各个维度形成一系列统一标准规范，打破各级各类各系统数据壁垒，促进互融互通，从而真正形成统一可用的基础设施。另外，要把握好基础设施投入和业务发展的策略。数字化基础设施的建设需要有提前量和系统规划，不能成为阻碍数字化改革的瓶颈。

其次是如何找到数字化发展的业务突破口。数字化发展的效用是毋庸置疑的。但是，在目前现有范式为主导的现实中，需要找到具有巨大效用和引领性的应用，以拉动和促进整个系统的快速转型。最有效的方法就是挖掘现有的痛点、难点，从实效出发，用全新的数字化手段提供全新的解决方案。比如，疫情的管控就是数字化发展的一个崭新的、具有巨大潜力的业务应用。找到新的业务突破之后，我们还需要迅速进行推广，不能只满足于"亮点"工程，还要推动全社会的采纳和应用。

数字化改革的最后一个难点就是要处理好和现有范式的冲突。新的范式在带来巨大效用的同时，必然带来对现有范式的巨大冲击。比

如智能机器的应用，就会带来工作人员需求的减少。对此，在每一项数字化改革的业务推动之前，一定要有对潜在冲击的评估和解决方案。否则，数字化改革就难免陷入重重障碍和阻滞之中。①

（三）探索推进，未来数字化改革突破口

未来数字化改革可以从以下三个方向寻求突破。

其一，构建覆盖数据管理全生命周期的制度体系，高水平把握开放共享和数据安全之间的动态平衡关系。全面实施《浙江省公共数据开放与安全管理暂行办法》和配套措施，推进数据开放和应用创新。加快制订《浙江省公共数据条例》，规范公共数据提供主体、使用主体和管理主体之间的权责关系，明确公共数据边界、范围和多元治理体系，健全数据共享和开放制度，推动建立公共数据资源市场化配置机制。②

其二，推进数字化改革的场景革命，针对经济社会发展遇到的新痛点新需求，运用数字化思维、认知、技术、方法等，找到解决痛点、满足需求、提升体验的方法，并对其进行场景化技术重构与制度重塑。找准改革需求，瞄准百姓、企业和基层最有获得感的领域，从最需要的高频事项入手，构建需求收集、归并、分析的工作闭环。谋深多跨场景，放到更大场景中审视、思考、谋划，找到基础性和具有重大牵引作用的改革突破口、制度重塑点，形成全场景目录全省"一本账"。抓实开发保障，建立多跨项目统筹机制，破除部门工作和业务壁垒，优化多跨场景开发流程，细化时间表和作战图，加强政策保障、制度

---

① 安恒刘博. 构建覆盖数据全生命周期的安全治理体系 [EB/OL]. https://zhuanlan.zhihu.com/p/408874016.

② 浙江省数字化改革总体方案 [EB/OL]. http://wl.wenzhou.gov.cn/art/2021/9/1/art_1229564251_58895415.html.

保障，推动各级各部门主动对接、形成合力。①

其三，围绕改革总目标，构建完善的机制体制为范式跃升保驾护航，着力健全改革前的预案评估机制、改革过程中的问题反馈整改机制和改革完成后的共享机制。在每一项数字化改革的业务推动之前，预测改革推进中可能遇到的重难点问题，形成对潜在冲击的评估和解决方案。在业务推动过程中，聚焦改革关键矛盾，抓住问题核心要害，集中力量攻克难题，平衡范式跃升得失，以点状推进牵引体系升级。业务目标达成后，归纳改革实践经验，共享改革制度性成果，畅通同行学习渠道，推动数字化改革体系整体优化，更好发挥改革应用价值。

（四）勇担使命，硬科技创新企业助推数字化改革

从浙江省关于数字化改革的顶层设计就可以看出科技创新在其中扮演的角色之重，硬科技创新企业更应该在宏观大背景的支持下加快科技创新的脚步，努力适配数字化改革的进程。

硬科技公司在数字化改革中机会很多。数字化的世界需要人、环境和机器的紧密链接和互动，需要在人机交互、感知、控制、存储、计算等方面大量的底层突破。

《浙江省数字化改革总体方案》提出，要"打造科技创新应用。聚焦三大科创高地建设总体目标，围绕产业链部署创新链，围绕创新链布局产业链，突破产业发展瓶颈，解决'卡脖子'问题。运用分析研判、创新指引、要素分配、成效评价等人工智能技术，集成科技大脑的项目、载体、企业、人才等子系统，强化创新主体地位，布局平台载体，建设创新主体培育、高能级平台建设、核心技术攻关、科研成

---

① 袁家军.以多跨场景应用为重要抓手 推动数字化改革走深走实 [EB/OL]. http://www.zjdj.com.cn/xbsydmtt/202105/t20210511_22512365.shtml.

果转化等模块，加强科技资源一体化配置，深化科技体制改革，为赋能高水平创新型省份建设提供科技支撑"。

在数字经济与数字化改革的时代背景下，硬科技创业公司可以从以下几个方面抓住机遇。

一是要重视基础研究。硬科技是否有所突破，影响数字化改革是否能够顺利完成。基础研究不好，硬科技肯定也无法突破。这两方面是相辅相成的。我国现在的问题是基础科研投入不足，之后的应用研究也不足，应该向两边延伸。现在的研究都集中在中间阶段，跟随性的科研和应用型的科研偏多，而解决"卡脖子"问题的科研偏少。所以应该抓两头，更前沿的基础研究要抓，往产业界走的核心技术也要抓。拿芯片行业举例，2019年华为面临美国的科技制裁，芯片供应受到了很大影响。其主要原因在于国内芯片制造较落后，其中一个原因是光刻机的落后。中国想要突破还是得回到基础科学的研究，尽早解决技术"卡脖子"问题。

二是要加快科技创新。数字化改革的基础设施建设需要大量硬科技创新产品，才能支撑起越来越多的数据的汇总、存储和分析的需求。此外，数字化改革的应用同样离不开硬科技创新，每一项智慧的应用大多会涉及硬件的需求，没有硬件的突破，就难以有真正创新的应用。

以之江实验室和阿里达摩院为例，这些科研基地正在基础研究和科技创新上面发力。之江实验室以人工智能与网络信息为主要研究方向，开展重大前沿基础研究和关键技术攻关，目前已在智能计算、人工智能、智能感知、智能网络、智能系统等方面进行科研攻关并取得部分成果。阿里达摩院立足基础科学、颠覆性技术和应用技术的研究，其研究领域有机器智能、数据计算、机器人、金融科技、X实验室等。硬科技创业公司可以从这些研究院的研究领域中找寻发力点，多关注前沿科技发展，参与塑造未来。

（周伟华 浙江大学管理学院教授、博士生导师，浙江大学数据分析和管理国际研究中心主任；范志刚，杭州师范大学阿里巴巴商学院副教授，硕士生导师，副院长）

高峰按

谈及数字化改革的意义，首先它是"最多跑一次"改革和政府数字化转型基础上的迭代深化，是数字浙江建设的新阶段。数字化改革相较于上一阶段"政府数字化转型"，是一次关于内涵、领域、价值三个方面的全方位拓展和升级。数字化改革不是凭空掉下来的，而是一步一步不断深化、拓展和升级，现已进行到一个新的阶段。数字化改革是为了从整体上推动省域经济社会发展和治理能力的质量变革、效率变革、动力变革，在根本上实现全省域整体智治、高效协同，努力成为"重要窗口"的重大标志性成果。

其次，数字化改革是浙江对中央"加快数字化发展"要求的响应，是浙江对省域治理的体制机制、组织架构、方式流程、手段工具进行全方位、系统性重塑的过程。根据《浙江省数字化改革总体方案》，浙江省数字化改革的核心为：一是通过优化流程来提高政府服务质量和效率；二是将流程平台化、数字化；三是进行工程化项目管理。这次的数字化改革和很早之前的政府信息化都是为了对政府管理和公共服务进行改革，而数字化改革的推进更侧重于治理体系和治理能力的"智慧化"，即不仅仅是简单运用技术，更重视对于治理思维和技术的融合构建，着重进行制度的重塑。

再次，数字化改革不仅仅是政府治理的问题。其改革最重要的目标是通过对治理体系和治理能力的改造来实现惠民和促进经济、社会发展。2021 年，《中共中央国务院关于支持浙江高质量发展建设共同富裕示范区的意见》发布，共同富裕示范区落地浙江。共同富裕需要通过高质量发展来推动。数字化改革就是为高质量发展提供更好的体系保障，通过制度改革、办事流程优化等，为社会、经济等方面的发展提供保障。

此外，在国家、省域治理现代化的道路上，社会系统因封闭、割裂等会带来"熵增"的问题。数字化改革、推进实现全省域整体智治是能够有效解决这种"熵增"问题的手段。从实践看，很多时候我们是在鼓励各地各部门通过开放、非线性发展及远离平衡的方式来实现"熵减"。

CHAPTER 2

第二章

从数字经济到数字化改革

数字化改革不只是用技术实现数字化，其重点在于转型，通过数字化技术对业务场景进行重新定义，内部完成全面在线，外部适应各种变化，从前端到后端：全面实现无需人工介入的自动化和智能化技术，进而推动中国产业经济的全面转型升级，从"数字化"进化到"数智化"。

一、数字经济时代已到来

继农业经济、工业经济之后，数字经济成为当下主要经济形态，正在驱动生产方式、生活方式和治理方式发生深刻变革，通过数字化的技术手段让信息和商务活动数字化，从而打造全新的社会、政治和经济系统。

到底什么是数字经济？2016 年 G20 杭州峰会发布的《二十国集团数字经济发展与合作倡议》指出："数字经济是指以使用数字化的知识和信息作为关键生产要素、以现代信息网络作为重要载体、以信息通信技术的有效使用作为效率提升和经济结构优化的重要推动力的一系列经济活动。"中国信息通信研究院发布的《中国数字经济发展白皮书（2017）》也提到："数字经济是以数字化的知识和信息为关键生产要素，以数字技术创新为核心驱动力，以现代信息网络为重要载体，通过数字技术与实体经济深度融合，不断提高传统产业数字化、智能化水平，加速重构经济发展与政府治理模式的新型经济形态。"可以说，数字经济涵盖了围绕数据这种关键生产要素所进行的一系列生产、流通和消费的经济活动，是继农业经济、工业经济之后的更高级经济阶段。

国家统计局发布的《数字经济及其核心产业统计分类（2021）》（以下称《数字经济分类》）从"数字产业化"和"产业数字化"两个方面确定了数字经济的基本范围。现阶段，数字化的技术、商品与服务不仅在向传统产业进行多方位、多层面与多链条的加速渗透，与实体经济融合，即产业数字化部分，主要是《数字经济分类》中的数字化效率提升业；而且在推动诸如互联网数据中心、云计算基础设施 IaaS、数据中台基础设施 PaaS、数据行业应用 SaaS 的建设与服务方面，也在促进数据价值的创建以及数字产业链、数字产业集群及数字化生态的不断发展壮大，即数字产业化部分，该部分是数字经济的核心产业，包括《数字经济分类》中的数字产品制造业、数字产品服务业、数字技术应用业、数字要素驱动业。

数字经济对提升整个社会的效率、实现经济的增长发挥着重要作用。其通过数字化的基础设施以及数字化技术，对数据进行识别、归集、存储、治理、服务以及应用；通过对数据生产资料的开发使用，形成数据资产；通过创造数据价值，提升政府、企业的效率。

所以，从经济学的角度来看，数据是生产资料，凡是直接或间接利用数据来引导资源发挥作用，推动生产力发展的经济形态都可以纳入数字经济范畴。在技术层面，数字经济包括大数据、云计算、物联网、区块链、人工智能、5G 通信等新兴技术；在应用层面，"新政务""新零售""新制造"等都是其典型代表。

二、数字化转型势不可挡

麻省理工学院数字商务中心主任埃里克·布莱恩约弗森（Erik Brynjolfsson）在《第二次机器革命》中提出，数字化是今天的一切，是未来的唯一开端。他提出人类其实只经历过两次技术革命，即机器革命与数字革命，也只有这两次转变，是任何人与组织无法逃避的共同趋势。[①]

（一）数字化转型的必然性

过去 20 余年消费互联网的充分发展为我国数字技术的创新、数字企业的成长以及数字产业的蓬勃发展提供了重要机遇。伴随着数字技术的融合应用以及我国供给侧结构性改革的不断深化，加快数字技术与实体经济的融合发展成为共识。[②] 在万物互联、万物感知、万物智能的数字化时代，数字化转型已然成为中国企业未来发展的核心方向，[③]也是企业获得持续竞争优势，实现持续发展的必然选择。

谈及数字化转型，不得不先回顾一下什么是大数据。数据是信息时代的必然产物，随着信息化与互联网的普及，数据量开始爆炸性增长，而且随着云计算、数据中台、人工智能等技术的出现，处理大数据的技术能力也有了飞跃式的提升。

所以，大数据作为数字经济时代的生产资料，不仅仅是海量的数据本身，也代表了数据的处理技术以及数据资产的形成、数据价值的体现等。如果把大数据比作一种产业，那么这种产业实现盈利的关键，

---

① 埃里克·布莱恩约弗森，安德鲁·麦卡菲. 第二次机器革命 [M]. 北京：中信出版社，2016.

② 吕铁. 传统产业数字化转型的趋向与路径 [J]. 人民论坛·学术前沿，2019(18):13-19.

③ 智能化时代企业数字化转型的必然性 [EB/OL]. https://www.douban.com/note/795684381/.

就在于提高对海量数据的处理能力。大数据产业通过对数据的加工处理，以及数据价值的挖掘，来实现数据的增值。

数字化转型正在政府、金融、工业、零售等行业发生，悄悄地改变着我们的生活。手机的大规模普及，日新月异的可穿戴设备、智能家居，甚至无人驾驶汽车等新事物层出不穷……这些都在提醒我们：以物联网、云计算、大数据为代表的技术革命正引领人类社会加速进入继农业时代、工业时代、信息时代之后的一个新发展阶段——数据时代（DT 时代）。与以软件为主、目标是提升个人效率和管理效率的信息时代相比，数据时代将通过重新定义以服务大众、激发生产力为主的业务场景，挖掘数据价值，最终创造业务价值。

数字化转型不只是用技术实现数字化，其重点在于转型，通过数字化技术对业务场景进行重新定义，内部完成全面在线，外部适应各种变化，从前端到后端，全面实现无需人工介入的自动化和智能化技术，进而推动中国产业经济的全面转型升级，从"数字化"进化到"数智化"。

在未来，数据将成为商业竞争最重要的资源，能更好地使用大数据者将领导下一代商业潮流。所谓无数据，不智能；无智能，不商业。下一代的商业模式就是基于数据智能的全新模式，虽然这种模式还处在萌芽期，实践的案例还不多，但是，其巨大的潜力，已经被人们认识到。

一场商业模式的范式革命已经到来。商业的未来、知识的未来、文明的未来，本质上是人的未来。而基于数据智能的智能商业，就是这未来的起点。

（二）数字化转型的难点

时下，数字化转型已进入深水区，无论是政府还是企业，数字化转型都迫在眉睫。但是从麦肯锡的数字化转型分析报告上来看，中国数字化转型的成功率还不到30%。究其原因，数字化转型是一项涉及现有信息化水平、数据壁垒、部门壁垒，甚至是跨区域、跨部门、跨系统、跨业务的庞大而复杂的工程，政府与企业都面临着不小的困难与问题，"不会转""不敢转""不能转"已经成为阻碍数字化转型工作的重大障碍。具体表现在如下四点。

1. 无数据可用

早期政府、企业构建信息化系统时，往往考虑的是当时的需求，解决的是当下某个具体问题，缺少数据体系的全局思考和建设，从而导致数据零散、缺失。

随着互联网与软件技术的发展，有些政府与企业也采用了SaaS的服务化产品模式，这个模式最大的好处是方便。但是，如果缺乏数据整体规划的话，数据全部在SaaS服务商手里，使用方根本没有数据。

然而更多时候，由于政府和企业没有好的数据规划，再加上早期存储技术还不成熟，很多历史数据没有保留，或者很少保留，导致真正大数据时代来临的时候，无数据可用。

2. 数据孤岛，壁垒林立

数据孤岛是数字化转型中最典型的问题，主要原因有二。

一方面，职能部门间壁垒高筑。比如政府的不同职能部门之间，或者同一个企业集团下属不同的子公司之间，彼此的分管领导不同、业务形式存在差异，导致数据隔离，很难整合。

另一方面，数据格式缺乏统一的标准。随着信息化的加深，出现了越来越多的信息化系统，往往不同的信息化系统由不同的厂商所建设，不同的厂商又定义了不同的数据格式，导致从企业整体来看，数据定义极度不规范，无法很好地整合在一起。

3. 数字化解决方案混乱

随着数字化转型的深入，很多技术水平良莠不齐的数字化解决方案服务商出现在市场上，甚至很多企业本身不具备提供有效大数据解决方案的能力，只是为了迎合市场，将自己包装成为大数据解决方案的公司，最终提供的解决方案无法解决政府、企业面临的实际问题，导致政府、企业数字化转型失败。

4. 数字化转型缺少思维上的转变

数字化转型不是一个口号，而是一种新的思维，需要从认识上、文化上、思维上做出改变。

尽管数字化转型的重要性已经得到了普遍的认同，但在许多数字化转型的实践中，其并没有得到高层真正的重视。因此数字化转型的实施没有足够的配套预算，且经常是采取从下往上、单个产品、单个项目的方式。由于缺少配套的组织改革和文化上的重视，最终数字化转型走向失败。

部分数字化转型的实施过程由于技术能力不够，把数字化做成了信息化，换汤不换药；有些又过度激进，追求华而不实的改变，想一口吃成一个胖子，太关注表面而不关注基础设施的建设。这些都将导致转型失败。

（三）数字化转型的关键点

1. 以"转型"为目标

不少企业重视数字化，也敢于投入，但实操过程与以往搞信息化、上 ERP 系统的思维很类似，往往由 IT 总监负责，停留在找工具和管理手段。当数据时代来临时，我们的产业甚至全社会即将面临技术变革所带来的持久不断的颠覆，转型已不是选项，而是企业生存与发展之必然。

所以，企业不能简单地以在数字化投入和所做的项目数量来机械地衡量其数字化程度，而是要指定明晰的转型目标和具体的交付标准来组织全面转型。

2. 以客户需求为导向

数据时代所带来的颠覆，是科技发展和新一代消费者需求演进所带来的必然结果，而且会不断更迭和持续。以往，企业做发展规划基本上是根据过去业绩数据对未来进行预测，参照欧美发达国家市场的趋势和标准来制订自己的计划目标。

但企业需要真正思考的是，今日所在细分市场的未来发展趋势是什么？其所关联的渠道变革和客户需求的取向与痛点又在何方？这些问题往往无法简单依据系统升级给出答案。

所以，企业必须真正了解客户和市场，依靠大数据分析和各种数字手段来决定未来是否进行业务升级转型并开发转型模式，而非拘于企业传统上由上而下的意志决策或保守的业务评估与思维。

3. 以一体化设计实施为决胜条件

不少企业上数字化、做启动、拉方案等过程热闹高调，但是方案出台后，不能全面畅通和完整落地，效果依然有限。企业在领导挂帅和技术驱动基础上，还需要全公司前中后台的完整操作与配合，需要组织文化的变革和员工思维的转变。

总而言之，数字化转型经过实践证明，绝对是也必须是"一把手"工程，需要企业的当家人真正亲自领导、全面推进，方可成功。

三、数字化改革三阶段的场景与技术挑战

从 2003 年首次提出数字浙江，到 2017 年实施数字经济"一号工程"，浙江已发展成为全国数字经济先行省，数字经济也成为推动浙江省经济高质量发展的一张"金名片"。2017 年以来，数字浙江建设加速推进，大致可以分为"最多跑一次"改革、政府数字化转型和数字化改革三个阶段，三个阶段环环相扣、步步为营，从场景优化到体系深入，每一个阶段既有场景与技术的挑战，也有系统化工程化的成果，体现了数字化改革探索成型的过程。

（一）"最多跑一次"改革，找准场景优化的切入点

1. 矛盾场景的发现

从群众和企业的角度来看，他们很多时候会认为政府是一体的，比如我无论到哪个部门办事，都应该一个窗口就可以解决全部问题，就和去银行大厅一样；从政府的职能部门来看，政府部门往往各自有各自的边界，各自有各自的流程，无论是组织还是系统、相互之间都有

点"物理隔离"。正是这两个角度看问题的差异，导致群众和企业到政府的某个职能部门办事的时候，容易产生矛盾。

2. "最多跑一次"，保障"最后一公里"

2016 年底，浙江提出"最多跑一次"改革，很好地抓住了这个矛盾的场景作为切入点。2018 年 11 月 30 日，浙江省十三届人大常委会第七次会议第三次全体会议审议通过了《浙江省保障"最多跑一次"改革规定》，规定对"行政服务中心的法律地位""重复提交材料、转嫁责任证明、办事时间长""信息孤岛"等群众反映强烈的改革难点和痛点问题，在立法层面予以破除，同时还专门设置了"容错免责"条款。从群众和企业的角度来看，"最多跑一次"解决了办事多头跑、反复跑、办事难、办事慢的问题，保障了"最后一公里"，基层政务服务的体验得到提升。从最容易获得体验感知的场景优化入手，通过典型场景的案例效果，全面带动从政府到企业到人民群众对数字化改革的认知。

3. 场景优化不是终点，改革更需深入

"群众跑、干部跑"最终都需要进化为"数据跑"。尽管"最多跑一次"改革现已取得良好成效，但其刚实施的时候，由于缺乏配套的数字化基础设施和场景应用的支撑体系，往往是群众和企业最多只需要跑一次，剩余的"跑腿"转嫁给了政府职能部门的一线工作人员，由他们替群众和企业跑完剩下的"路程"。即这相当于只是在用户端办事流程上做了一次成本转移，并没有真正地降低整体的社会治理成本。

所以，"最多跑一次"改革不能仅仅停留在办事流程的用户体验优化层面，背后横亘在部门之间的权力纠缠以及条块之间的关系壁垒，始终是干扰与阻断数据自由流动和创新公众数字化体验的障碍。不解

决好这些障碍，停留在办事流程层面的数字化建设成果就容易流于表面、治标不治本，反而可能带来更多的跨部门协同和管理成本。

总而言之，场景优化是很好的改革切入点，但只有改革持续不断深入下去，才能实现全流程降本增效提质。

（二）数字化转型，组织与技术的协同贯通

抓住多跨场景应用，通过数字化技术驱动背后的组织协同和流程贯通，是实现数字化转型的本质要求。党的十九大报告明确指出，要转变政府职能，深化简政放权，创新监管方式，增强政府公信力和执行力，建设人民满意的服务型政府。"最多跑一次"改革，重点抓住了为群众和企业办事的服务场景，是典型的需要"跨部门场景化多业务协同"的场景，抓住这类多跨场景应用，但又不仅仅停留于此，而是通过数字化技术驱动背后的组织协同和流程贯通，这样才能进一步推动治理体系的深层次变革与重构，实现数据逻辑和行政逻辑相统一，最终服务于满足人民群众的获得感、幸福感和安全感。

1. 政府、企业组织结构与数字化能力建设现状

当前政府的组织架构，有点类似于工业时代的管理体系，还是以树形科层式为主，各个委办厅局的组织体系相对独立，信息系统建设也根据各自需求不断强化边界，这使得政府在数字化建设中，一定程度上存在重复建设和信息孤岛的问题。过去十年大型互联网企业在业务数字化的过程中同样也碰到了这个问题，不同子组织之间采用"烟囱式"的系统构建方式，出现重复造轮子、各系统分散运营的现象。

究其根本，这是因为制度改革相对社会发展而言客观上存在一定的滞后性，导致面向创新领域、新生事物的管理往往存在职能交叉和

政出多门的现象，这反映在政府数字化能力建设中，便形成了业务系统功能的交叉耦合以及政务数据的多源异构。此外，以垂直管辖、纵向推进为主的政务信息化建设模式在地方层面也遗留了大量的网络、机房、系统、数据层面的资产孤岛。

2. 中台架构助力组织机制变革与数字化转型

如何在全域层面做到整体统筹，共建共享，提升组织效率，降低协同成本？大型互联网企业实践后总结出来的经验之一是"中台架构"。

中台架构的本质，是将能够"复用"和"共享"的能力从上层多样化的业务体系不断下沉融合，并建立独立的中台组织和平台系统，打通数据流转贯通机制，形成统一的服务接口，极大地提高了业务端创新的效率，降低了试错成本。但中台架构绝不仅仅是一套标准产品或者一个落地项目，更是管理理念和组织机制的变革。中台架构的落地，一方面需要战略层面形成统一的共识，并在组织层面进行适配革新；另一方面需要建设一体化智能化的公共数据平台，解决流程和数据层面融会贯通的技术基础设施问题。

因此，数字化转型需要组织和技术两条腿走路。从场景优化入手形成共识，逐渐深入到组织和技术的协同贯通层面，从点到面，从局部优化到全局优化。

（三）数字化改革，场景到体系的深度优化

1. 数字化改革的诞生

数字化改革是"最多跑一次"改革和政府数字化转型基础上的迭代深化，亦是数字化转型的延伸与升级。

在过去几年的"最多跑一次"改革中，浙江大力推动政府数字化转型，并撬动经济社会全方位数字化转型，省域治理体系和治理能力现代化程度显著提升。2021 年浙江省第一次提出"数字化改革"这一新名词，当年 2 月 18 日，浙江省委召开全省数字化改革大会，全面部署全省数字化改革工作。浙江省委书记袁家军指出，数字化改革是数字浙江建设的新阶段，是政府数字化转型的一次拓展和升级，重点聚焦党政机关、数字政府、数字经济、数字社会、数字法治五个方面，与"数字中国"打造数字经济新优势、加快数字社会步伐、提高数字政府建设水平、营造良好数字生态一脉相承。因此可以说数字化改革是在数字化转型基础上的进一步深化，是通过彻底推动政府数字化转型以实现治理体系与治理能力现代化目标的根本保证，是数字化建设从场景优化到体系优化的进一步攻坚。

2. 数字化改革的方法

数字化改革是一个长期的螺旋式迭代的过程，是一项复杂的系统工程，是重大集成创新的硬核改革，是运用系统观念、系统方法推动重大改革的生动实践，因此要想真正推进数字化改革，顶层设计与基层实践缺一不可。

任何改革都是一项系统性、标准化工程，需要从顶层加强统一规划设计，有节奏有目标地推进，数字化改革也不例外。数字化改革要求在建设业务、数据、技术、安全、研发、运维等各个维度形成一系列统一标准规范，放弃"零敲碎打""各自为战"的模式，打破各级各类各系统数据壁垒，从而真正促进互融互通。

与此同时，任何改革都需坚持问题导向和效果导向，而需要突破的问题归根结底来源于实践，改革的成效要由实践来检验，因此基层的实践探索同样重要。必须在顶层设计的指导下，放手放权给基层，在基层面向民生和企业的各个应用场景进行实践。加强战略谋划和顶层设计，提升学习力、谋划力、执行力，把握工作着力点，建立责任单、时间表、路线图、科学评价和政策激励、工作机制，强化多跨高效协同、工作闭环管理，营造比学赶超、争先创优浓厚氛围，推动数字化改革尽快取得突破性进展。

3. 数字化改革的远景

数字化改革最终的成效必定是完成从场景到体系的深度优化。就当下而言，数字化改革是浙江省新发展阶段全面深化改革的总抓手，要加快构建"1+5+2"工作体系，搭建好数字化改革"四梁八柱"。"1"即一体化智能化公共数据平台，通过形成省市县三级"平台 + 大脑"的体制，打造智慧化平台中枢，支撑各级各系统应用创新；"5"即 5 个综合应用，分别是党政机关整体智治综合应用、数字政府综合应用、数字经济综合应用、数字社会综合应用和数字法治综合应用，包含"产业大脑 + 未来工厂""城市大脑 + 未来社区"等核心业务场景；"2"即数字化改革的理论体系和制度规范体系。在后续实践中，要推动改革实践上升为理论成果、固化为制度成果，最终实现规模化推广应用。

（陈吉平 杭州玳数科技有限公司创始人、董事长）

高峰按 -

数字经济时代已到来，在万物互联、万物感知、万物智能的数字化时代，数字化改革已然成为中国企业未来发展的核心方向，也是企业获得持续竞争优势，实现持续发展的必然选择。数字化改革是一个长期的螺旋式迭代的过程，是一项复杂的系统工程，是重大集成创新的硬核改革，是运用系统观念、系统方法推动重大改革的生动实践，要想真正推进数字化改革，顶层设计与基层实践缺一不可。任何改革都是一项系统性、标准化工程，需要从顶层加强统一规划设计，有节奏有目标地推进，数字化改革也不例外。与此同时，任何改革都须坚持问题导向和效果导向，而需要突破的问题归根结底来源于实践，改革的成效要由实践来检验，因此基层的实践探索同样重要。时下，数字化转型已进入深水区，无论是政府还是企业，数字化转型都迫在眉睫。但是中国数字化转型的成功率还不到30%。究其原因，数字化转型是一项涉及现有信息化水平、数据壁垒、部门壁垒，甚至是跨区域、跨部门、跨系统、跨业务的庞大而复杂的工程，政府与企业都面临着不小的困难与问题，"不会转""不敢转""不能转"已经成为阻碍数字化转型工作的重大障碍。为此，陈吉平提出了数字化转型的关键点，一是要以转型为目标，二是要以客户需求为导向，三是以一体化设计实施为决胜条件。总而言之，数字化改革经过实践证明，绝对是也必须是"一把手"工程，需要当家人真正亲自领导、全面推进，方可成功。

CHAPTER 3

第三章

云原生：
数字化改革下的 IT 基础设施重塑

数字化改革的终态，是应用终端定义一切，是软件来解构和重构产业，重塑数字化时代的全新生产关系，重建数字化时代的工作生活习惯。而在如何配合应用终端的世界中，以云原生为代表的先进技术，正在全面释放应用生产力和软件生产力，成为数字化改革的本质。

根据中国信息通信研究院发布的《中国数字经济发展白皮书（2020）》，2019 年我国数字经济增加值达 35.8 万亿元，占 GDP 比重由 2005 年的 14.2% 提高到 36.2%。浙江省提出，到 2025 年数字经济增加值占 GDP 比重达到 60% 左右。数字化以汹涌之势重构全球经济社会发展模式，数字技术和数据等要素已经成为时代发展的强劲动力。一直以来，地方政府和市场主体作为支撑数字中国战略落地的关键载体和探索先锋，早已形成通过数字化转型破局发展困境、谋求长远发展的高度共识，并且分别围绕着提升治理能力和谋求高质量发展进行了数字化改革的积极实践，也各自面临着不同的挑战。

政府方面，目前各省市区政府都非常重视数字化改革。以北京、上海、深圳和杭州等为代表的大型城市在推进力度和应用效果方面都走在前列。这些城市信息化开始得早，基础好，在城市交通管理、社会治理、治安防控、生态环境保护、政务便民服务以及新冠肺炎疫情防控等领域有了较好的应用实践。然而，在应用丰富了以后，如何统筹应用的公共能力建设，减少应用建设中的重复投资，以及如何提升云效率等问题逐渐显现。下一步来看，在如何把这些城市的成功经验复制到其他城市，同时又结合各个城市的特点来体现区域特色，不用重起炉灶开始投资方面，应用架构层面的基础设施将发挥巨大作用。

在企业方面，当前多数企业对数字化转型的重视程度和建设布局远远不足，并且行业间的差距较大。直接面向消费者（to C）的行业多数更倾向于主动转型，接近或成为数字化原生企业。据了解目前已有超 6 成的传统企业上云，启动了数字化实践。[①] 先进制造业、信息服务业以及其他行业内的大型企业等受政策支持的影响力度较大，数字化改革得以推进，但更多中小企业的数字化节奏则明显较缓。究其原因，中小企业在资金、人才等方面的投入力度不足，最核心的问题还是技术能力的不足以及对技术如何赋能政企数字化改革的认识层面存在缺失。通信、金融、交通、能源、工业等行业的企业，拖着很多老旧应用系统，虽然有很强的应用数字化技术和进行数字化改革的意愿，但是从哪里起步、如何进行转型，是这类企业面临的最大难题。

数字化改革，归根结底是一场技术变革，离不开数据中心、云计算等数字化"底座"的基础支撑。

一、数字基础设施推动数字化改革

（一）基础设施现状：数字化改革众生相

随着新一代数字技术的迅猛发展，数字经济已经成为引领全球经济增长的重要驱动力。据中国信息通信研究院发布的《全球数字经济新图景（2020）》，2019 年全球数字经济规模达到 31.8 万亿美元，GDP 占比达到 41.5%，数字经济在国民经济中的地位持续提升。基础设施是社

---

① 宋钒. 深耕细耘云原生 [J]. 产城，2021(6):64-65.

会经济现代化的重要标志，也是国家重点布局和推进建设的工作。2021年政府工作报告提出在"十四五"时期着力推进"两新一重"建设，建设信息网络等数字基础设施。

数字基础设施，顾名思义即数字化的基础设施。狭义的数字基础设施，特指在数据成为关键生产要素的时代背景下，基于新一代信息技术演化发展形成的基础设施。数字基础设施涵盖以 5G、物联网、工业互联网为代表的通信网络基础设施，以及以人工智能、云计算、区块链等为代表的算力基础设施。数字基础设施是以新发展理念为引领，以技术创新为驱动，以信息网络为基础，面向高质量发展需要，提供数字转型、智能升级、融合创新等服务的基础设施体系。

我国数字基础设施建设的具体推进过程中，既有机遇，也有挑战。从全球范围看，新一代信息技术群落在不断融合叠加和迭代升级中，正在为未来经济发展构筑高经济性、高可用性和高可靠性的新型基础设施。据 IDC 和希捷公司预测，到 2025 年，中国数据规模将达到48.6ZB，超过美国同期数据生产量，成为全球最大数据生产国。当前我国在 5G 网络、区块链、人工智能等新基建领域已具备一定的国际竞争力。但是在高端芯片、基础软件操作系统、网络安全领域建设存在明显薄弱环节，在核心技术上缺乏竞争优势。

此外，作为数字基础设施服务新领域的行业应用市场发展也面临制约。一方面实体企业的升级改造资金、人才投入力度和积极性不足，另一方面，我国能帮助实体企业解决实际问题的综合解决方案提供商不足，既懂信息技术又懂行业发展的复合型人才严重缺乏。总的来说，数字基础设施建设既是发展短板，也是发展重点，又具有发展潜力。

（二）基础设施渗透：数字化改革的基石

我国目前处于数字经济起步阶段，迫切需要构建数字基础设施，提供相应的数据采集、存储、计算、分析、应用等能力，用以打造可靠的技术底座和服务平台。加快推进数字基础设施建设，可以在很大程度上降低政企应用数字技术的成本，帮助其构建数据驱动的创新体系，为数字化改革注入强劲动力。

数字基础设施建设具有高技术应用的特点，数字化的基础设施，以 5G 网络、云计算等新一代信息技术为基础，通过互联网平台创新应用场景，向超高速、大容量、智能化的应用方向演进。基础设施融合应用发展带来的数据总量爆发式增长，将产生大量的数据资源存储、传输、计算等需求。当下，以数字化技术为代表的基础设施已渗透到生产制造、社会治理、民众生活等各个方面，数字化改革也在各领域逐步实施。

数字基础设施建设的积极推进，有助于吸引各类资本参与数字经济发展和智慧社会构建，扩大数字要素的有效供给，统筹各地区、各部门、各领域数字化和智能化发展进程，推进政府数据与社会数据的开放共享。完善的数字基础设施建设也使得企业以更低成本运用数字化技术，实现业务创新、降本增效。同时，数字基础设施建设将增强我国的数据感知、传输、存储和运算能力，强化国家战略科技力量，为突破"卡脖子"的关键核心技术创造有利条件，进而打通传统产业与新型产业之间及供应链各环节的数字端口，全面提升政企智能软硬件水平，夯实现代化经济体系基础，协同促进数字化改革。

（三）基础设施迭代：数字化改革的驱动力

当下，我国数字经济迅速发展，新技术为企业创新商业模式提供了差异化的价值和实现路径，以业务数字化为典型代表的模式创新催生了众多商机。数字化业务的灵活性特征使得企业必须具备更快的"业务到市场"的能力，包括新业务快速构建、现有业务快速更新等。数字基础设施的完善使得企业的快速业务反应诉求得以实现，并在产品、工具、流程等多个层面进行不同程度的处理。例如，企业将产品设计、生产、销售等多环节与互联网、大数据、云计算相融合，以个性化定制的全新业务模式为行业数字化改革注入新的力量。

对于企业而言，如何推动"数字基础设施与业务融合"成为关键。以 5G、集成电路、大数据、云计算、区块链、人工智能等为代表的新一代信息技术正在快速演进、群体突破、交叉融合，实现技术和产业的交互迭代。当传感技术、控制技术、通信技术、计算机与智能技术、大数据技术等新一代基础设施底座信息技术被合理地应用于恰当的业务中，才能更好地与组织融合，进而更好地激活和重组一系列要素，为商业模式的创新开辟新的路径。

从信息数字化、业务数字化创新，到数字化改革，是"数字化"发展的三个阶段。对于政企而言，需要利用新一代信息技术，构建数据采集、传输、存储、处理和服务的闭环，打通不同层级和不同行业之间的数据壁垒，运用数字技术重新定义政企业务，深耕软件全产业链服务。聚焦管控，以技术和数据服务赋能经济主体，提高整体运行效率，构建全新的数字经济体系，不断推进数字政府和智慧社会的建设，方能实现真正意义上的数字化改革。

二、云原生夯实数字基础设施赋能数字化改革

（一）云原生，数字基础设施的顶层设计

1. 云原生：原生为云设计

传统的基础设施早于云计算诞生之前就已经存在，在信息化时代扮演着推动信息快速传达、收集、管理的角色。随着数字化时代的到来，传统基础设施（见图 3-1）已经无法应对信息大爆炸的现状。根据 IDC 报告显示，2018 年第三季度云 IT 基础设施收入首次赶超传统 IT 基础设施。更智能化、自动化的云计算，可以为业务支持提供更多的洞见，在基础设施设计之初就把数字化理念集成进去成为大势所趋。云原生技术，就是为数字原生的数字基础设施而生。

最早，PaaS 服务商 Pivotal 首次提出了云原生的概念。云原生作为基于分布部署和统一运管的云端服务，是以容器、微服务、DevOps 等技术为基础建立的一套云技术产品体系。在使用云原生技术后，开发者无需考虑底层技术的实现，可以充分发挥云平台的弹性和分布式优势，实现快速部署、按需伸缩、不停机交付等。[①]

2. 云原生：由内而外的变革

打造数字基础设施，首先需要符合云原生的设计哲学，其设计通常来说具备四大特点。模块化：抽象独立的服务包。可编程性：通过声明 API（应用程序编程接口）和策略来实现资源调配和管理。伸缩性：协调器通过自动化和策略驱动的方式纵向动态扩展资源。弹性：服务松散耦合的单元，相互独立且兼具容错能力。依据四大设计理念，数字

---

① 藏辉 . 2020 云计算企业百强 [J]. 互联网周刊，2021（2）：50–53.

基础设施在提供自主应用管理的 IaaS 上创建了一个平台。该平台建立在动态创建的基础设施之上，以抽象出单个服务器并促进动态资源分配调度（见图 3-2）。

图 3-1 传统基础设施

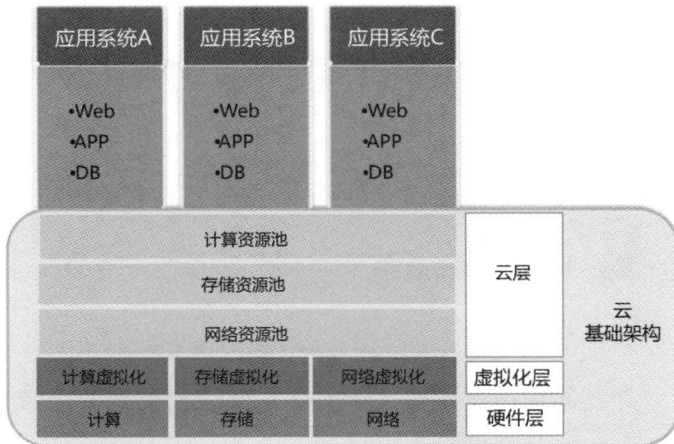

图 3-2 数字基础设施

传统基础设施架构在向数字基础设施迭代过程中，核心依靠四大云原生体系：DevOps、持续交付、微服务、容器化。

DevOps强调对软件开发人员（Dev）和IT运维技术人员（Ops）之间沟通合作的重视，即研发运营的一体化。实际上，它是一组过程、方法与系统的统称，其实施需要组织架构、企业文化与理念等自上而下的设计与配合，来促进开发部门、运维部门和质量保障部门之间的沟通、协作与整合。其自动化的概念则是指一切操作都依赖系统自动完成，包括基础架构设置和配置、软件部署、运维等。

持续交付（Continuous Delivery，CD）是指在不影响用户使用服务的前提下频繁把新功能发布给用户使用。它是DevOps的具体实践，更多的是提升软件交付的一种能力。

微服务是将业务功能拆分成的一系列能够被独立设计、开发、部署、运维的独立应用服务，服务之间边界清晰、协作配合，最终实现业务功能整体价值。[①]每个服务可以由专门的组织来单独完成，依赖方只要定好输入和输出口即可完全开发，整个团队的组织架构也因此变得更精简。

容器化的好处在于运维的时候不再需要关心每个服务所使用的技术栈，每个服务都被无差别地封装在容器里，可以被无差别地管理和维护，目前最主流的工具是Docker和K8s。

3. 云原生：数字基础设施新战略

通过云原生的技术，全新的数字基础设施将摆脱由不同团队独立建设、独立开发的烟囱式架构，将数字化建设、架构升级带入新阶段。基于云原生为数字基础设施的设计理念，企业可以实现泛在接入技术，

---

① Thönes J. Microservices[J].IEEE Software，2015，32（1）：116.

构建数字化生态系统，还可以从技术的角度确保数字化业务的快速迭代，构建面向用户体验管理的数字基础设施，持续优化 IT 成本，提高算力资源利用率，降低业务风险。

（二）云原生，助推数字基础设施迭代

1. 软件服务迭代的核心目标

软件设计有两个关键目标：高内聚、低耦合。软件工程师一直都在为这两个目标而努力奋斗，以求把软件编写得更加清晰、更加易于扩展和维护。标准化是解决这一问题的首要路径。一个解决方案归根结底，是以模块的形式组织的，传统解决方案中的很多模块都可以固化，以模块化的形式减少系统的耦合性，从而更快、更好地组织项目。在企业上云的大潮流下，工程师们逐渐发现，单纯的结构的叠加存在安全性差、脱离业务等问题，不能满足高内聚、低耦合、自动化、智能化的终极目标，云原生 1.0 时代仍有缺陷。

2. 数字基础设施从数字化到智能化

得益于工程师对软件服务迭代的孜孜追求，云原生从 1.0 演变到 2.0，促进了数字基础设施由数字化向智能化的跃升。云原生 1.0 阶段，即企业将业务从线下迁至并运行在云上，主要解决了资源池化，以及运维、部署、扩容的难题。但是这一阶段并没有彻底解决传统烟囱式架构带来的弊端。

建立安全与运营两大体系，企业的业务生于云、长于云，云原生 2.0 提出以应用为中心，而不仅是从 IT 架构的调整出发。1.0 阶段的单体架构此时已经完全转变为分布式云化架构，在 1.0 基础之上又增加了

在数据、智能、安全三大方面的赋能，对应公司内部的数据中台、AI中台、安全中台，这样的架构改革涵盖了公司的运维、安全、基础架构、数据中心四大核心部门数据和平台的融合，为应用提供敏捷、智能、安全的底层数据和基础架构等全方位综合能力的支持。同时，云边端协同、多云协同成为必然。越来越多的公司会使用边缘计算，对于边缘设备也通过 K8s 来统一纳管，同时需要对边缘节点的极致轻量、高可靠性、大规模管理等特性进行支持，从而实现统一计算调度。

（三）云原生，赋能数字化改革

1. 云原生促成组织架构演进

云原生应用平台可自动进行基础架构调配和配置，根据应用的日常需求在部署时动态分配和重新分配资源。协作云原生应用架构要求开发人员将使用平台作为一种方法，从底层基础架构依赖关系中抽象出来，从而实现应用的简单迁移和扩展。

基于这样的技术优势，云原生架构升级是对企业整个 IT 架构的彻底升级，每个组织在进行云原生架构升级时，必须根据企业自身的情况量体裁衣，其中，组织能力和技术能力处于同等重要的地位。云原生架构涉及的架构升级对企业中的开发、测试和运维等相关人员都产生了巨大的影响，技术架构的升级和实现需要企业中相关组织的积极参与和配合。特别是在架构持续演进的过程中，需要类似"架构治理委员会"这样的组织负责云原生的规划和落地，并不断检查和评估架构设计与执行之间是否存在偏差，从而在开发和运营职能部门之间建立密切协作，将完成的应用代码快速顺畅地转入生产。

2. 云原生高效推动业务创新

传统模式下，首先需要将各独立业务环节软件拆分、解构，实现跨业务模块的协同，再促进业务与边缘计算、物联网、大数据等技术的深度融合，打造更加敏捷、精准、智能的生态服务，这将会经历一个冗长的选型、POC、试点和推广的过程。而对于数字原生企业而言，业务与技术天生深入融合，通过一体化云平台有效整合资源，实现技术通用能力的组件化、模块化封装，让企业在资源配置、产品交付、系统架构等方面获得更高的效能，能够将更多的精力放在业务视角的响应、分析和决策中，从而为业务创新提供高效、低成本的一体化服务支撑。

3. 云原生衍生更多共赢可能性

云原生技术为产业应用提供了高效的融合集成能力，促进产业数字化转型。云原生架构的数据处理平台，可以更快地引入高性能数据分析能力，有效地利用云原生的计算能力，将产业中的海量数据转化为有价值的数据资产，实现对数据的赋能，精准体现数据产生的价值。云原生与人工智能的结合也可以实现数据处理的智能化、高效化，为产业打造智能数据处理与增强平台，实现数据的智能化治理。

中国工程院院士陈纯指出："从产业融合来看，云原生为其他信息技术的大规模应用提供了重要支撑，能够为区块链、人工智能、大数据、边缘计算等新兴技术提供部署环境和基础支撑能力，对于建设融合、共赢的产业生态具有促进作用。"基于云原生技术的"肥沃土壤"，企业向上延展出 AI、大数据等一系列应用，实现了敏捷、智能化的数字化应用构建，进入数字化转型的"深水区"。

三、云原生赋能数字化改革路径及案例分析

展望未来，数字化改革的终态，是应用终端定义一切，是软件来解构和重构产业，重塑数字化时代的全新生产关系，重建数字化时代的工作生活习惯。而在配合应用终端的世界中，以云原生为代表的先进技术，全面释放应用生产力和软件生产力，是数字化改革的本质。

（一）云原生驱动数字化改革的实现路径

云原生的技术体系支持任意负载，运行于任意云环境之上，解决了多年来的分布式异构基础设施难题；借助云原生边缘计算能力，可进行分布式云边端统一架构，为产业互联网和数字化时代提供深入业务线的、算力全域覆盖的先进技术架构，从底层能力上确保了在产业互联网和数字化时代的领先和主导地位（见图 3-3）。

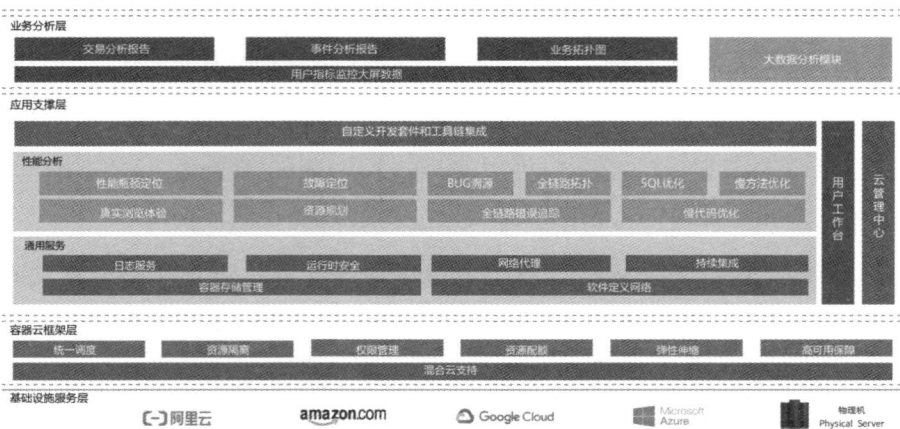

图 3-3　云原生整体架构

1. 云原生打造基础设施的弹性、故障自愈和大规模可复制性

云原生以容器技术为底座，针对不同的资源进行统一纳管，针对应用进行统一封装和布置（见图 3-4）。不同于虚拟机的弹性响应能力，以容器技术为基础的云原生技术，可实现秒级及毫秒级的弹性响应；具备高度自动化的分发能力和调整机制，可实现应用故障的自动摘除和重构；具备极强的自愈能力及随意处置能力，可实现跨区域、跨平台、跨服务的规模化服务能力。

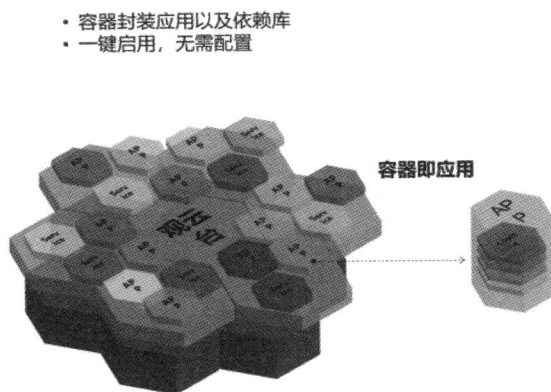

图 3-4　容器封装示例

2. 云原生推动应用架构现代化，提升灵活性和快速响应能力

应用架构已从传统的堆加式，转换成基础设施的云化，以及现今主流的平台＋应用的架构模式（见图 3-5）。未来企业技术架构将转化成第四种中台架构，将由基本资源的云化转换为业务能力的云化，使企业的投入更侧重于业务能力和应用前台。现代化应用结构是一种弹性的、支持多云的微服务架构，从不同的角度，如构建、运行、管理、

连接和保护等角度将应用进行现代化改造，使应用既能快速响应变化，又能快速交付使用，同时与基础设施解耦。

实现企业应用现代化可以从根本上应对业务、技术的飞速发展所带来的挑战，为用户提供切实的价值。

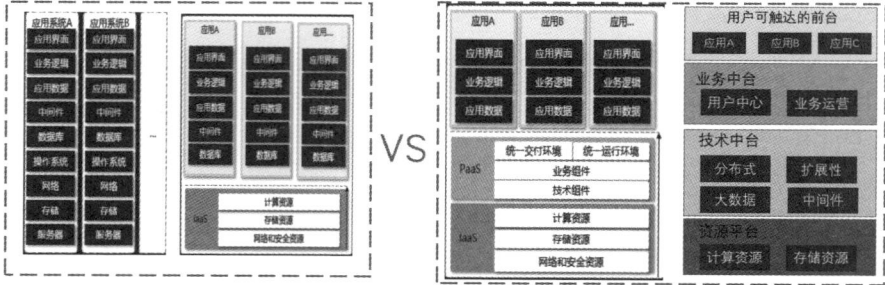

图 3-5 应用的架构演进

3. 云原生构建开发运维自动化，提高工作效率

随着云计算的普及和数字化改革的深入，软件开发产业不断规模化发展，软件开发已发展成为"人 + 流程 + 工具"的配合，也对软件开发运维的质量和效率提出了更高的要求，因此需要多个产品经理和开发者的沟通对接，需要多个开发团队同时编写代码，需要测试团队对代码和半成品进行检测、审核以及最后的上线部署及运维。整个过程涉及不同人员、不同部门、不同流程、不同工具甚至不同企业之间的通力合作（见图 3-6）。

因此，一套高效的工作流程和统一的工作环境应需而生，云原生构成部分中的 DevOps 方法，集成了开发—运维闭环流程，在软件生命全周期的计划—代码编写—构建—测试—发布—运维—监控等全流程中，将运维和开发紧密衔接。云原生中开发运维自动化采用动态流水作业、迭代的开发进程、交互的协作模式对接全流程的所有需求，并借助应用容器化封装后带来的统一环境、工作进度可视化管理、便捷开发发布部署等手段，对各个模块进行支持，提高研发工作效率，提升开发运维效率。

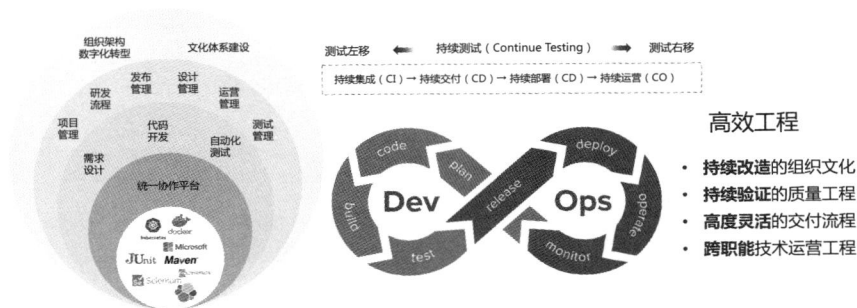

图 3-6　开发运维一体化流程

4. 云原生助力运营现代化，保障基础设备的安全能力（监控安全）

容器云及云计算的弹性架构让应用更具灵活性、弹性和扩展性，但在提高应用的效率的同时，应用的拓扑架构和通信变得更复杂、更难监控。

传统云市场上监控方案只具备最基础的资源监控功能，运维缺乏获得应用状态以及应用的流量访问情况、资源利用情况的手段，同时缺乏清晰的云上应用访问可见性，面对复杂交互的业务故障也缺少安全保障。

云原生监控平台能够根据云上访问流量，动态识别云上复杂的应用交互关系，构建云上业务拓扑运维图，动态掌握云上业务运行状态，从业务视角解决现阶段云上整体宏观监控以及故障定界（见图 3-7）。

云原生安全平台可基于高性能无侵入的探针和具备自恢复能力的扫描引擎，建设容器环境下的全栈防御、异常行为管理等手段，从而实现有效的安全预防和精准的入侵告警，保障基础设施安全、计算环境安全、研发运营安全、应用安全和数据安全等全维度安全。

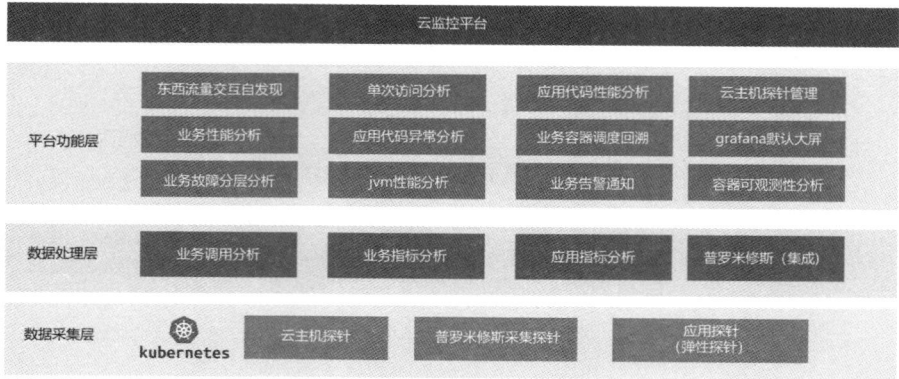

图 3-7　云原生监控平台

5. 云原生完全释放云计算红利，驱动数字化改革

云计算时代的需求从资源优化转向效能提升。数字化转型大潮下新旧商业形态发生剧变，业务颠覆和重构时刻都在发生。只有更快速地感知用户侧的需求变化并做出调整，才能在竞争中持续积累优势。业务的敏捷、弹性、个性化和智能化需求凸显，应用的交付模式也发生深刻变化，轻量化、松耦合、灵活弹性的敏捷技术架构成为主要方向。

云原生是一种集技术与管理方式于一体的大成者，以开发运维一体化、持续交付、微服务和容器为基础，实现异构资源的标准化管理、提升业务的迭代速度、达到极致的弹性能力和大规模复制能力，极大地降低了数字化技术的使用门槛，极大地释放了云计算的红利，驱动数字化改革（见图 3-8）。

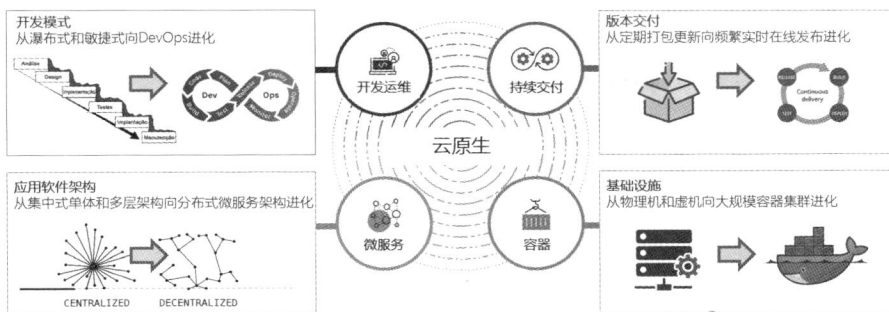

图 3-8　云原生架构示意

（二）云原生加速政企数字化改革经典演绎

1. 通信领域：云原生助力中移在线打造全球最大的客服云平台

（1）客户简介

中移在线服务有限公司是中国移动通信集团在数字化时代全新设立的专业子公司，公司总部设在河南省洛阳市，旨在成为中国移动全网集中服务的提供者、全网渠道运营的集中支撑者和全网各类业务的后台集中处理者。该客户拥有全球最大的呼叫中心（20 万名客服）、设施齐全的智慧园区（2000 多亩地），服务用户 9 亿人，在全国多地均有数据中心和客服人员（见图 3-9）。云原生助力中移在线把互联网、热线等所有客户接触点统一起来，成为全国客服行业规模最大、实力最强的领军企业，也是客服技术和客服业务的时代引领者。

图 3-9　中移在线服务规模及来源

（2）行业痛点

随着中国移动传统呼叫中心的互联网化转型，如何支撑互联网服务带来的巨大流量冲击、保障业务服务 7×24 稳定运行，成为企业迫切需要解决的问题。中移在线已全面承接中国移动 10086 呼叫服务及 APP、微信、微博和邮箱、网上社区等服务渠道的集中化运营，IT 资源和业务服务规模持续增长，在信息化建设过程中，也需要在保障业务稳定提供服务的基础上，不断提高资源利用率，降低成本，提高开发效率，提高企业敏捷能力。

如何适应驼峰式流量下的资源按需适配？如何应对多用户、高并发及快速变化的业务需求？如何有效管理多地多中心的大规模集群资源？这些都是企业信息化建设初期就面临的严峻挑战。

（3）解决方案

杭州谐云科技有限公司（以下简称谐云）为中移在线提供基于 DevOps 理念、面向微服务应用的容器云 PaaS 平台建设方案，实现 IaaS 云资源管理和 PaaS 容器服务管理的一体化集成管理，满足企业多地多中心的集群资源有效管理和应用全周期的灵活调度需求。方案包括多中心跨机房调度、开发运维一体化、统一中间件能力扩展及自动弹性扩缩容等，助力中移在线客户达成数字化改革。

（4）价值收益

通过建设容器云 PaaS 平台，增强了大规模生产环境中的集群性及稳定性，实现了中移场景下单集群 1000 物理节点、40000+ 容器实例的支撑与资源调度能力，为实现业务系统"5 个 9"的高可靠性目标提供有力支撑。

异地双活部署架构采用双中心调度，顺利支撑了各类突发业务场景，应用运维效率提升 35% 以上，确保了 10086 客服系统业务连续性达到"99.999%"。

方案助力企业实现了降本增效。方案实施后，系统基础资源开销降低约 60%，应用运维效率提升 35% 以上，利旧服务器 1000+ 台，节省服务器硬件投资近 2 亿元，并大幅度提高了业务系统的开发、运维效率，助力中国移动 10086 客户服务持续保持行业领先水平。

2. 金融领域：云原生助力银行、证券及保险机构数字化改革

（1）行业痛点

随着互联网金融业务的快速发展，金融银行机构需要有快速支撑能力的资源管理平台，赋能微服务架构的业务系统，提高系统的部署速度和系统容灾能力，提高系统资源使用率，为互联网营销、重大事件集中支撑等存在明显业务峰值波动的业务提供足够的弹性资源支撑和高可用性支撑。主要痛点如下：

① 服务如何快速部署交付？

② 如何提供持续可用的服务？

③ 服务效率如何快速提升，以应对用户规模的快速增长？

（2）解决方案

金融行业需求平台可划分为三套环境，包括本地开发测试、本地生产、同城生产。其中本地开发测试环境可搭建开发管理集群、开发集群、测试集群、预生产集群。本地生产环境可搭建管理集群、业务集群。同城生产环境可搭建容灾管理集群和业务集群。各个集群通过开放网络策略，实现由管理集群观云台统一纳管。每个环境中的集群共用一套存储服务。

① 统一镜像仓库

业务集群和管理集群共用一套镜像服务，镜像服务统一搭建到管理集群中。镜像服务中存放集群的组件镜像，也包括用户业务应用镜像。用户通过持续集成平台将业务代码进行镜像构建，并将镜像推送到镜像仓库。

② 多系统集成一体化监控

容器云平台对接已有的 Zabbix 监控系统，通过定期获取 Prometheus 指标数据，进而进行集群主机、容器、应用中间件的监控。同样和已有的蓝鲸 CMDB 配置平台对接，从集群的 ETCD 中获取集群资源，包括主机、应用、中间件等，定期或实时更新 CMDB。

③ 多集群统一管理

观云台可以对多集群进行统一的可视化管理，提供多集群的注册、修改、运维、监控等核心功能支持，实现多集群的一站式管理。

（3）价值收益

提升开发效率——利用容器云的标准化交付配合平台的 CI/CD（持续集成 / 持续部署）工具链，开发测试团队从源码到发布运行效率提升；

提升交付效率——通过容器交付的方式帮助客户提高现有交付效率；

运维侧效率提升——作为标准化、自动化、可视化、智能化的容器化平台，容器云能够为运维侧提供较大收益。典型场景（4C8G 的 Tomcat 应用环境下测试结果，占用 pod 资源）下具体表现为：①容器云的 pod 从创建到启动只需要 12 秒；② CICD 流水线规范化、流程化。

资源利用率提升——充分利用容器资源调度能力，提高现有资源的利用率。

3. 信创解决方案：实现云计算底层技术的国产自主可控

谐云结合容器与底层资源松耦合特性，打造基于容器与容器云的"一云多芯"信创云方案。谐云现已打造金融行业信创试点，完成与国产主流操作系统、芯片的适配和互认证，是国产自主可控生态中的一股中坚力量（见图 3–10）。谐云坚持"核心技术国产自主可控"初心，完美解决了"卡脖子"技术难题，为数字中国贡献力量。

图见 3–10　谐云信创解决方案架构

（1）方案优势

① 单集群多芯架构

引入创新的容器云技术实现上层业务与底层基础设施环境的松耦合，单个集群可以既包含 X86 工作节点又包含 ARM 节点，使得业务可以在双架构层面（X86/ARM）灵活迁移自由调度、双平面双轨运行，降低信创成本，提升信创试点效率。

② 平滑信创

通过在原有业务集群基础上新增工作节点就可以完成业务的平滑迁移适配；同时，业务应用采用标准的容器化打包技术，结合谐云容器云 PaaS 平台的统一纳管技术，屏蔽底层基础设施差异，业务迁移与流量割接平滑完成。

③ 完备的技术生态、商业生态

集结谐云云监控、中间件平台产品，完善 PaaS 平台信创云的云上业务监控能力和开箱即用的高性能中间件能力，提升信创云的技术生态和底座完整性；同时配合谐云目前已通过的各大芯片、服务器整机、操作系统、国产化业务系统的适配经验及认证，全面支撑用户信创工作的开展。

（2）应用场景

① 一云多芯

基于容器与底层基础设施解耦的特性，提供完全意义的"一云多芯"方案，在单个集群内可以实现双架构（X86/ARM）并存，利用云上的业务调度能力，实现应用实例在双态平面中的无缝漂移、调度、弹性伸缩等云原生能力。

② 业务信创助力

结合创新的容器与容器云技术，为业务信创增加新的最佳实践范式，提供业务、中间件、基础设施等国产化适配的技术支撑，全面支持以业务为导向的信创工作。

③ 全栈信创云

提供一整套信创环境适配的 PaaS 平台，包括云原生中间件、容器云、云上全链路监控、信创安全容器等全栈云上基础设施，保障业务信创迁移后的全生命周期可管可控。

（王翱宇 杭州谐云科技有限公司创始人、董事兼 CEO）

高峰按

数字化改革，归根结底是一场技术变革，离不开数据中心、云计算等数字化"底座"的基础支撑。在云计算领域中，以容器、微服务、DevOps 为代表的云原生技术蓬勃发展，日渐成为主流，能够为企业提供更高的敏捷性、弹性和跨云能力，极大地释放了云计算红利。云原生技术在企业的渗透开始加速，越来越多的企业开始拥抱云原生，云原生技术在制造、政务、电信、金融等垂直行业的应用占比也在逐渐攀升，有力地支撑了业务系统重构。

云原生作为云计算下一个十年的关键理念，已然来到被铺开的时点。数字经济大潮下，传统行业的数字化转型成为云原生产业发展的强劲驱动力。产业数字化转型、场景化革命的大幕已经拉开，云原生技术作为解决产业数字化应用架构的重要方法和手段，将为产业提供更加完善的信息化平台架构和 IT 能力，促进产业"云、网、边、端"一体化架构的发展与丰富，助力产业在生产端、消费端创新升级，与应用场景深度融合，赋能产业数字化转型。

此外，数字基础设施建设带来的万亿元级资本投入，也将在未来几年推动云原生产业的发展迈向新阶段。以云原生为理念打造基础设施，释放云效能，将引领数字化改革，加速场景革命。王翱宇提出，云原生可以为企业打造可持续演进的企业级业务能力，助力企业从内而外实现数字化转型，为企业数字化转型提供解决方案，同时推动商业系统变革创新和核心能力提升，让企业更好地发挥商业价值，为前台业务赋能，挖掘用户真实且更深层的需求，助力更多企业降本增效，实现数字化转型。

CHAPTER 4

第四章

数据中台：
数字化改革的加速引擎

数据中台并不是简单的一套软件系统，更多的是一种理念，强调资源整合、集中配置、能力沉淀、分步执行、多跨协同的运作机制，是一系列数据组件或模块的集合。

一、数据中台概念的提出

（一）什么是数据中台

数据中台居于数据前台和数据后台之间，是数字化转型的基础和中枢系统。它通过数据技术，将政府、企业全域海量、多源、异构的数据进行采集、处理、存储、计算、分析和可视化呈现，同时统一标准和口径，将数据资产化，为业务前台提供数据资源和能力的支撑，以便政企实现数据驱动的精细化运营。[1][2]

数据中台是一个完整数字化转型的理念，也是目前为止数字化转型的最佳实践。早期在阿里巴巴等互联网行业，数据中台就得到了推广应用并取得了巨大的效果，现在已经在政务、金融、零售、工业等

[1]　CSDN 开发者社区.什么是数据中台 [EB/OL]https://blog.csdn.net/qq_25889465/article/details/100765090?utm_medium=distribute.pc_aggpage_search_result.none−task−blog−2~aggregatepage~first_rank_ecpm_v1~rank_aggregation−5−100765090.pc_agg_rank_aggregation&utm_term=%E6%95%B0%E6%8D%AE%E4%B8%AD%E5%8F%B0%E8%AE%BE%E8%AE%A1%E7%90%86%E5%BF%B5&spm=1000.2123.3001.4430.

[2]　得帆云.什么是数据中台 [EB/OL].https://zhuanlan.zhihu.com/p/399058852.

行业推广开来，而且正在覆盖更多的行业。数字化转型的完整理念框架覆盖了数据化战略、数字化组织、数字化的基础设施（也就是数据中台的基础设施 PaaS 产品）、数字化的全链路，全域数据加工处理过程、数据的最终应用价值化，以及持续迭代、持续运营的整个过程，可以称之为数据中台，但是市场上说的数据中台，很多只是其中的一部分。

总的来说，数据中台并不是简单的一套软件系统或者一个标准化产品，更多的是一种强调资源整合、集中配置、能力沉淀、分步执行、多跨联动的运作机制，是一系列数据组件或模块的集合。①

（二）数据中台发展历程

数据中台的发展史，具体可以分为如下四个过程。

数据 1.0 时代，即手工处理时代。这个时代的数据不多，关联关系也并不复杂，所以数据的处理基本上是依托 Excel 等数据工具手工进行，只解决一些最基本的数据需求问题。

数据 2.0 时代，即数据仓库时代。数据仓库处理的基本都是业务数据，来源于 OLTP 数据库，主要解决结构化数据的存储加工与价值挖掘，并支撑报表和数据可视化，多用于商业决策分析，这个时代也可以认为是 BI 时代。

数据 3.0 时代，即数据平台时代。在这一时期出现了数据平台技术。在数据处理过程中，不再只分析结构化的业务数据，而是出现了海量的半结构化、非结构化数据。数据平台技术应运而生，最早、最典型的技术就是 hadoop（由 Apache 基金会所开发的分布式系统基础架构），其表现形式可以称之为数据湖。数据湖，是一个集中化存储海

---

① 得帆云.什么是数据中台 [EB/OL].https://zhuanlan.zhihu.com/p/399058852.

量、多来源、多类型数据，并且可以对数据进行快速加工、分析的平台，本质上是一套先进的企业数据架构。算法专家、数据科学家可以基于该架构平台搭建数据开发、机器学习、数据发现、探索分析等更多的大数据场景。

数据 4.0 时代，也就是数据中台时代。数据平台虽然解决了数据存储与计算问题，但是在数据的治理、共享与协作、挖掘与服务上面还不是特别友好，这时，基于对数据的平台化、资产化、服务化、价值化慢慢构建了一套全链路、全域、批流一体、湖仓一体的智能大数据开发平台，构成了数据中台的基础设施，也就是数据中台的整个产品体系。在这个体系里面，数据中台是根据需要演变而来的一系列产品的集合，是围绕一切业务数据化、一切数据业务化构建的基础设施。

二、解构数据中台

（一）数据中台的组成部分

数据中台包括七个部分（见图 4-1）。

（1）数字化基础设施。上文提到，在数据 4.0 时代，演化构建了一套全链路、全域、批流一体、湖仓一体的智能大数据开发平台，这就构成了数据中台的全套产品以及整个数字化的基础设施。

（2）数据顶层设计、咨询与规划。这里可以理解为数字化战略。一般数据化转型业务比较好的政府、企业，会优先做顶层设计，比如考虑自身拥有的数据类型、未来可以获得哪些数据、数字化目标、实现时间及路径等。

（3）数据平台化。数据平台化实现了全域数据的打通，主要内容包括数据的归集、数据的离线开发、实时开发、算法开发以及核心的任务调度等，关键点在于全域与实时。而如何实时归集全域数据，是数据化未来的最大挑战与趋势。

图 4-1　数据中台建设全景

（4）数据资产化。数据资产化的关键是数据的规范与标准，包括如何做好平台的数据治理、数据清洗、数据主题域建设，以及针对数据本身的数据管理、数据资产报告、数据质量监测等，让数据真正变成有价值的生产资料。其过程类似于从矿石里面挖掘黄金，从石油里面提炼汽油。这个时候的数据所拥有的价值，就是数据资产化之后的生产资料本身具备的价值。

（5）数据服务化。数据服务化的过程，就是把数据资产化之后的数据，直接或者融合加工之后间接地对外提供服务的过程。数据服务化与前台应用以及数据场景息息相关，是数据价值变现的重要过程，其关键在于数据场景的选择与数据价值的体现。

（6）数据价值化。这里就是代表了面向最终用户的、与数据价值变现相关的各种应用与场景，这些应用与场景将展现数据最终的价值。数据价值化不一定都是要创建全新的数据应用，现有的应用也可以通过数据价值化来提升自身的价值。如证券行业通过实时数据处理，集合更多的数据，不仅让反欺诈的效果变得更好，还可以用于事中的实时监测。

（7）数据运营与组织保障。数字化转型涉及的不是一个产品或一个项目，也不是一朝一夕的过程。在数据化战略中，这个过程可能是持续多年、反复迭代的过程，需要组织保障与持续投入。

1. 数字化基础设施建设

数字化的基础设施，也就是数据中台的产品集合，是整个数据中台建设或数字化转型的一个关键节点。广义的数字化基础设施建设（简称"数字基建"），是指能够体现数字经济特征的新一代信息基础设施建设，涵盖 5G 互联网、大数据、人工智能、工业互联网等领域。在本章节中主要是指大数据领域的基础设施建设。

大数据的基础设施，具备端到端（ End to End ）的产品能力：从跨系统全域多数据源的批流一体接入，到底层数据的存储与计算；从数据的加工与处理、数据资产与数据质量的管理、业务分析指标和维度的管理，到湖仓一体的高度配置化的数据仓库建模；从业务分析模型、数据算法、数据挖掘，到低代码配置的数据 API；从自助式的前端可视化分析、数据孪生，到 PC 端、移动端的各种数据应用以及提供可 PB（100 万 GB 空间）级别、实时的、可靠的数据服务能力。一个典型的大数据的基础设施如图 4-2 所示。

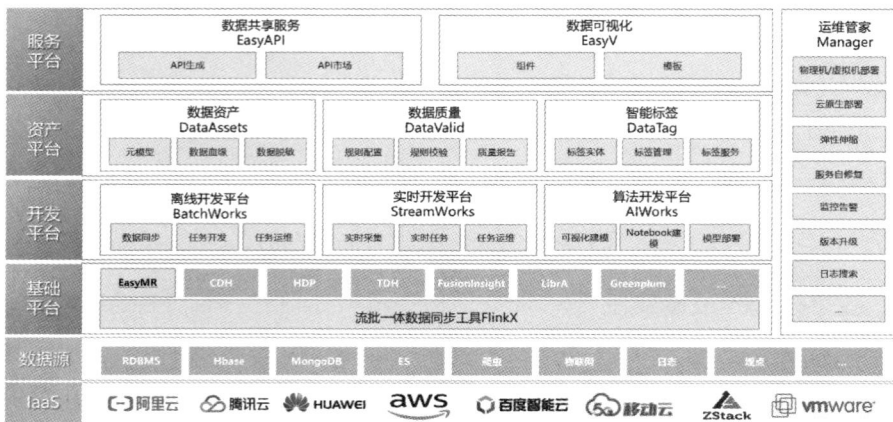

图 4-2　大数据基础设施

可以这么认为，大数据基础设施是为了应对数据巨量化、数据多样化、数据服务化的挑战而诞生的，具备以下六大核心能力。

（1）批流一体的全域数据的汇聚能力。包括所有的结构化、半结构化、非结构化数据，特别是数据的实时归集与处理能力。

（2）云原生的可扩展能力。可以处理 PB 级及以上的数据量，并具备高度的稳定性、并发能力以及快速响应能力。

（3）海量数据下湖仓一体的能力。既能解决海量数据的存储，也能解决智能化数仓的问题。

（4）处理结果数据、过程数据和内容数据的能力。利用算法平台与人工智能的分析技术，挖掘数据，形成洞察力。

（5）智能化的数据资产管理以及数据质量检查功能。确保数据资产的可靠与稳定。

（6）低代码的数据服务 API。可以简单快速地对外提供数据化服务，同时不影响现有业务。

相比于传统基础设施建设，数字化基础设施主要服务于数字化转型。在数字经济的发展过程中，数据为其源源不断地供能，是至关重要的生产要素。建设大数据基础设施，正是为了应对数字化时代数据巨量化、多样化和服务化带来的挑战。数字化基础设施能汇聚结构化数据、半结构化数据、非结构化数据，从而提高各行业在数字化时代的数据能力，释放数据潜力，最终实现数据智能化。

2. 数据源与数据平台化

数据是数据时代的第一生产要素。大数据时代的数据，和农耕时代的土地、工业时代的资本一样重要。然而在谈及数字化转型时，我们时常面临这样的困惑，即：数据在哪里？哪里会产生数据？

但数据又无处不在。人类自从发明文字开始，就开始记录各种数据，只是数据保存的介质一般是书本，难以进行进一步的分析和加工。随着计算机与存储技术的快速发展，万物都在数字化（音频数字化，图形数字化等），出现了数据的爆发。在当下的互联网、物联网时代，每个人、每个应用、每个设备都是数据的生产者，同时也是数据的使用者，在线连接是数据化的过程，互动是数据往来的过程，结网协同所需的能量无不来自数据的张力与动能。而且随着万物互联的物联网技术和人工智能、AIoT（人工智能物联网）、云计算等新技术的发展，全球数据量的扩增速度越来越快。据国际数据公司 IDC 统计显示，全球近 90% 的数据将在这几年内产生，预计到 2025 年，全球数据量将增加到 2016 年的 16.1ZB 的 10 倍，达到 163ZB。

数据量急速膨胀的同时，数据存储技术以及处理技术也在飞速进步。早期政府、企业的数据源比较简单，往往是关系型数据库中存储的数据，因此对应的大数据技术也比较简单，可以直接从关系型数据库中获得统计数据，或者最多建一个统一的 OLAP（联机分析处理）数据仓库中心。但是，随着业务的发展，政府、企业需要更大体量、更多维度的数据，以此提升数据价值。日志数据、用户行为数据、物联网数据，甚至图片、音频、视频数据的接入，都引发了数据量的暴增，甚至能从量变产生质变。比如广告公司通过用户画像可以精准地识别用户，实现精准营销，通过关键词竞价系统挑选合适的广告，通过广告算法引擎来确保广告效果，通过闭环的数据反馈来快速、自动地调整策略，从而实现全自动的商业闭环。

但是，在大数据发展过程中，为了获取更多的数据，会有部分人考虑或者设法爬取数据。这就会涉及数据的安全问题。

为了解决数据安全问题，海量的数据必须通过专业的数据归集工具才能统一汇聚到数据的基础设施上，批流一体的数据归集很好地解决了这一问题。数据归集的未来会越来越实时，因为很多数据90%的价值就是出现的几分钟之内。与此同时，数据实时处理也将是数据处理的一大趋势。

3. 数据资产化与数据生态

数据资产化的关键前提是数据标准，数据的标准不仅仅对企业内部进行数据资产化非常重要，对于跨组织、跨企业进行数据资产化也非常重要。

政府其实很早就看到了数据标准的价值。早在2002年7月，国家信息化领导小组第二次会议就审议通过了《关于我国电子政务建设的指导意见》(以下简称《意见》)。根据《意见》的指导原则，国务院信息化领导小组办公室制定了《我国电子政务一期工程建设方案》，该方案确定了"十五"期间重点建设的四大基础性、战略性资源数据库——"人口基础信息库""法人单位基础信息库""自然资源和空间地理基础信息库""宏观经济信息数据库"，简称四大基础信息库。

一个好的数据标准，能够减少很多政府、企业内部，甚至与外部数据打通的问题，比如一个好的用户库可以解决未来大数据关联上的很多问题。假定公安的数据想跟医院的数据进行关联来发挥更大的价值，只要双方的用户数据都有身份证号码（用户唯一识别号）就可以打通。除了身份证号码，用户唯一识别号甚至可以延伸到电话号码、手机识别码、cookie 信息 ① 等。制定好标准之后，把数据进行清洗、加工、治理的过程，就是数据资产化的过程，这一过程可以通过数据中台得以实现。数据从最初散乱、无序的状态变成了有序、清晰的数据资产，此时已经拥有了很大的价值，类似于从矿石变成了黄金。黄金本身就具备很大价值，但如果我们能把黄金变成黄金戒指，或者黄金纪念品，其价值会进一步放大。数据资产可以通过算法、模型进一步开发与放大价值，这些大量的数据使得人们可以创造出更多更好的算法、机器学习模型。好的数据资产，也将更容易生成更好的算法、模型、引擎，进而创造出拥有更好用户体验的数据产品，再吸引到更多高质量的用户数据。换句话说，这不仅仅是形成反馈闭环，也不仅仅是提高闭环的效率，而是会形成正向反馈闭环。

在这个过程中，最核心的就是算法。提到算法，往往也会谈到引擎。仅提引擎一词，更多人想到的可能是汽车的发动机。汽车引擎不管多复杂，其实输入输出是很简单的，需要的是"汽油 + 空气"，输出动力（汽油的能量）。大数据的引擎可能是一组算法的封装，数据就是输入的汽油，通过引擎的转换，输出数据中的能量，提供给更上层的数据产品或者服务，从而产生商业价值。

---

① 将信息有限存储一段时间的文本文件。

算法也是"机器学习"的核心，机器学习又是"人工智能"的核心，是使计算机具有智能的根本途径。在过去十年，机器学习促成了无人驾驶车、高效语音识别、精确网络搜索及人类基因组认知的大力发展。所以，算法是创造智能应用的基石，是大数据的核心价值。

在不久的未来，"所有业务都将成为算法业务"，社会也将从数据时代步入智能时代，那时，算法是真正价值所在，世界上所有大规模的东西都将被数据和算法所管理。算法的迭代方向、参数工程等，都必须与商业逻辑、机制设计，甚至是价值观取向融合为一。当算法迭代优化时，决定其方向的不仅是数据和机器本身的特性，更包含了我们对商业本质的理解、对人性的洞察和创造未来商业新样貌的理想。这就是我们称算法为智能商业的"引擎"而非"工具"的关键理由，它是智能的核心。基于数据和算法，完成"机器学习"，实现"人工智能"。

最后，数据作为资产，可以被积极开发利用其价值。特别是政府，在拥有强大的数据资产的同时，可以发展政府的数字生态。比如政府可以通过数字资产来招商引资，吸引更多的数据公司来开发数据资产的价值，甚至建立数字产业园。政府所需要做的，就是建立土壤。企业可以在这个土壤上面完成数据资产的价值化，进而繁荣生态，最后与政府一起实现数字化改革。

4. 数据服务化与数据价值化

数据价值要通过数据应用（或称为数据产品）体现出来。数据应用能把用户、数据和算法巧妙地连接起来，这也是互联网时代特别强调产品重要性的根本原因。因此，智能商业的成功，最关键的一步往往是一个极富想象力的创新产品，针对某个用户问题，定义了全新的用户体验方式，同时启动了数据智能的引擎，持续提升用户体验。

智能化数据产品的要求是非常高的，它不仅仅要与最终用户形成个性化、智能化的交互，在有完好的用户体验与突破的技术创新之外，最重要的是需要再次记录数据，使得用户反馈的闭环得以发生，而且整个过程是自动的、智能的、可学习提升的，它是大数据时代的灵魂，是智能商业的根基。智能商业的核心特征就是能主动地了解用户，通过学习不断提升用户体验。智能模块和学习功能将成为数据应用的大脑。

比如互联网金融，通过数据和产品的紧密融合，基于算法的数据智能实时发挥作用，最终能实现秒级放贷，这个是传统的金融服务无法想象的。同时，获贷后的用户产生的数据，又被源源不断地采集起来，作为未来更多判断的基础。

再比如搜索系统，用户的任何一次点击行为，都被实时记录并反馈到智能化算法引擎，不仅优化了自身的搜索结果，而且优化了任何搜索这个关键词的人得到的搜索结果。这样的智能商业，才是对传统商业的颠覆，才是对其真正的"降维"攻击，胜者一骑绝尘。

上面已经谈到自动化、智能化、可学习提升的反馈闭环，闭环的形成决定了智能化商业的形成，闭环的效率决定了大数据的使用效率。所以说，一个好的大数据产品，不仅仅是有用户反馈闭环，而且需要一个高效的用户反馈闭环。

用户行为通过产品实时反馈到数据平台，通过数据智能算法，优化结果又实时提升用户体验。在这样的反馈闭环中，数据既是高速流动的介质，又持续增值；算法既是推动反馈闭环运转的引擎，又持续优化；产品既是反馈闭环的载体，又持续改进功能，在为用户提供更好的产品体验的同时，也促使数据反馈更低成本、更高效率地发生。

可以看到，数据资产化形成了数据资产，产生了数据本身的价值，而算法又通过数据挖掘、机器学习等创造了额外的价值，这些价值最终通过数据应用给到最终用户，实现了数据价值化，而连接数据价值与最终应用的，就是数据服务化。

数据服务化通过低代码的 API 平台或者服务引擎，以松耦合的方式，把数据的价值传递给最终的用户。数据服务化就像是电线、水管，或者是煤气管道，让最终的数据价值得以发挥。

5. 数据安全与隐私保护

数据量的暴增也让人们不得不思考数据安全问题。2018 年 3 月 23 日，时任美国总统的特朗普正式签署了《澄清域外合法使用数据法》，要求对危害美国国家安全的犯罪、严重刑事犯罪等重大案件，无论服务提供者的通信、记录或其他信息是否存储在美国境内，都要求服务商根据该法案进行调取并提供相关证据。2018 年 5 月 25 日，欧盟《一般数据保护条例》（General Data Protection Regulation，GDPR）正式实施。GDPR 要求不论数据控制者、处理者及其处理行为在欧盟境内还是境外，只要处理的是欧盟境内居民的数据，均适用此条例，对数据实施长臂管理。目前全球已有近 100 个国家和地区制定了数据安全保护的法律，数据安全保护专项立法已成为国际惯例。

随着数字经济的崛起，近年来我国数字经济的增速发展也证明了数字经济发展空间的巨大，中国信息通信研究院发布的《中国数字经济发展白皮书》数据显示，我国数字经济的总体规模已从 2005 年的 2.62 万亿元增长至 2019 年的 35.84 万亿元；数字经济总体规模占 GDP 的比重也从 2005 年的 14.2% 提升至 2020 年的 38.6%。

为了规范数据处理活动，保障数据安全，促进数据开发利用，保护个人、组织的合法权益，维护国家主权、安全和发展利益，2021 年

6月10日，第十三届全国人民代表大会常务委员会第二十九次会议通过《中华人民共和国数据安全法》（以下简称《数据安全法》），自2021年9月1日起施行。

《数据安全法》作为数据安全领域最高位阶的专门法，与2017年6月1日起施行的《网络安全法》一起补充了《国家安全法》框架下的安全治理法律体系，更全面地保障了国家安全在各行业、各领域的有法可依。

《数据安全法》的出现，对政府及企业合法使用数据、保护个人隐私等问题提出了极高的要求，之前游离在灰色地带的数据爬虫、非法互联网金融、滥用大数据的大数据应用，也受到了非常大的冲击。在新的体系下，传统方式已经无法适应新时代数据安全需要，面临安全性这一新态势、新要求，需要在继续做好业务安全的基础之上，通过智能化管理平台，在技术层面实现对风险核查能力、数据梳理能力、数据保护能力以及数据威胁监控预警能力四大核心能力的建设，在业务层面实现对数据采集、传输、存储、处理、交换、销毁全生命周期的管理。

在政府数据安全方面，要求我国政府在落实数据安全保护责任的同时，还要推动政务数据开放利用。如何实现数据要素安全、高效地共享开放，个人隐私保护、敏感数据使用、数据确权等难题都成了数据要素市场化的"拦路虎"。可以通过引入"数据安全岛"模式，利用安全计算沙箱、安全多方计算、区块链等技术，实现原始数据不出本地，只交换计算结果，做到数据共享的"可用不可见"，解决数据信任和隐私保护、溯源等难题，让流动的数据成为驱动数字经济发展的新动能。

数据安全在未来仍将是一个重大挑战，人工智能、机器学习和零信任模型的创造性应用将帮助IT和信息安全从业保护数据，以及确保组织和个人数据合规，助力国家数据安全战略落地实施。我国的"十四五"规划、"新基建"等政策将持续深入推进数据要素安全管控和市场化，提升社会数据资源价值，相信随着《数据安全法》的出台、落地实施，数据资源将会迸发出更强的活力。

（二）数据中台与数字化转型、数字化改革的关系

数据中台是实现政府、企业数字化转型的最佳解决方案。我们可以看到，数字化改革的"1+5+2"思想跟数据中台的整体思想是非常一致的。"1"代表了一体化智能化公共数据平台，其实就是数据中台的产品集合，也就是数字化的基础设施；"5"代表了不同的应用场景；"2"代表的是数据战略与规范体系。

因此，可以认为，数据中台就是解决数字化改革的最佳解决方案与利器。在后续章节中，我们将会分析数据中台的实践方法与场景，其实也就是数字化改革的实践方法与场景。

同时，数字化改革与数字化转型也是一体的。数字化改革只是在数字化转型的基础上做了进一步的延展，如跨部门的多场景联动、跨部门的反馈闭环、跨部门的综合性数字指数、可通用可复制的数据组件等。所以，后文中如果不特指，一般都用数字化改革来囊括数字化转型与数字化改革。

三、数据中台解决方案

以上我们从数据化基础设施、数据源与数据归集、数据资产与数据生态、数据服务化与数据价值化等方面全方位地解释了什么是数据中台，以及数据中台与数字化转型、数字化改革之间的关系，得出了

数据中台就是政府数字化改革的最佳解决方案与手段。但政府数字化改革到底该如何进行，数据中台又发挥着什么作用？对于这些问题，杭州玳数科技有限公司（以下简称袋鼠云）袋鼠云交出了较为优秀的答卷，其在数字政府领域构建了完善的技术产品和解决方案体系。袋鼠云的数字政府解决方案，以推进数据资源整合利用为目标，从数据质量测评、跨系统数据整合及业务应用构建的角度出发，突破组织边界，设计考评指标，摸清存量数据质量水平，实现数据汇聚、数据管理、数据应用、数据运维、数据评估的全生命周期管理，厘清增量数据及全局性资源对数据质量改进的需求和进一步治理方向，为数字政府基础库、主题库、专题库建设和上层业务应用提供一体化的数据服务支撑（见图4-3）。

图 4-3　袋鼠云数字政府解决方案

（一）案例一：西湖 & 良渚景区数字大脑

1. 项目简介

　　袋鼠云从服务、管理和运营三大方面入手，围绕园区可持续性保护及服务游客的建设目标，利用大数据、物联网、互联网技术等加快景区数字化建设，通过整合景区数据资产，以数字驱动业务创新和管理改革，帮助掌控景区动态，并实现"一机管景区"和"一机游景区"，为游客提供便捷化服务体验，同时通过数字化提高景区运营管理效率和景区保护效果。

2. 项目成效

　　通过"数据中台"产品体系和方法论，景区形成了自有的"景区数据大脑"，相较于传统业务数据使用的"烟囱式"模式，在数据采集、数据资产建立、创新数据应用上大大降低了成本，让各类业务系统数据都能融合，从而让数据资产清晰可见，让数据产生更多的价值（见图 4-4）。

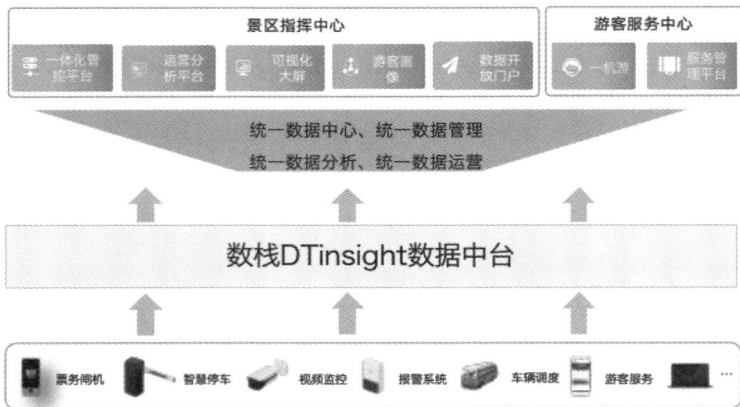

图 4-4　景区数据大脑项目数据中台架构

通过"景区数据大脑"的离线开发、实时开发和算法开发等，将景区的票务、停车、线上景区一机游等数据，统一到"数据平台"，实现数据融合，理清景区各类数据资产，并建立数据接入统一标准，形成景区自有的、以业务与应用为导向的数据资源主题域，这也是实现景区数字化管理和运营的基础。

（二）案例二：山西省商务厅商务诚信大数据平台

1. 项目简介

山西省商务厅为了推进商务诚信体系建设，探索商贸流通治理新模式，构建以信用为核心的流通治理新秩序，需要依托数据建立信用大脑，对守信者实行联合激励，对失信者进行联合惩戒，打破政府信息和市场信息的壁垒，建立行政信息和市场信息的交互渠道和机制，促进社会信用体系建设。

2. 项目成效

袋鼠云基于政务云平台，搭建商务诚信大数据平台，完成数据中台建设，实现数据集成、数仓搭建、数据治理、信用算法模型训练等场景，结果数据通过接口、网站、APP、公众号等进行呈现，实现了与山西省信用信息共享平台、商务厅自有系统等政府数据源对接，与山西省市场主体等市场信用数据源对接，为180多万家企业打造山西商贸流通企业画像（见图4-5）。

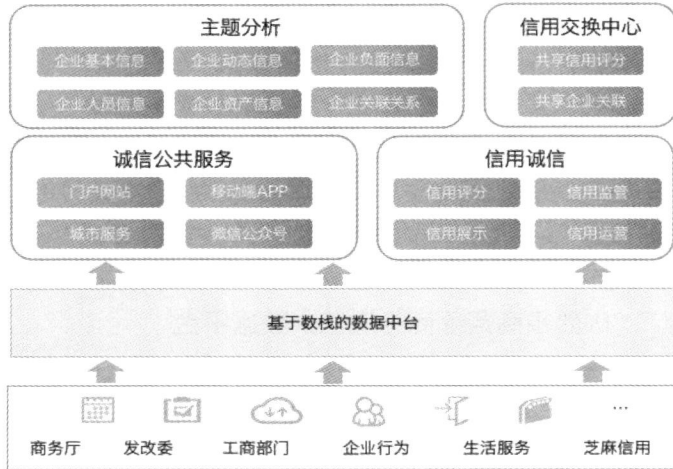

图 4-5　商务诚信大数据平台项目数据中台架构

（三）案例三：宁波舟山港口数字化

1. 项目简介

宁波舟山港大部分的业务数据被"割据"在每个业务系统之中，数据无法流动，数据可用性和数据质量无法带来良好的用户体验，数据除了满足基本的业务用途之外，无法实现基于数据的创新和数据增值，需要借助先进的平台技术实现港口数字化（见图 4-6）。

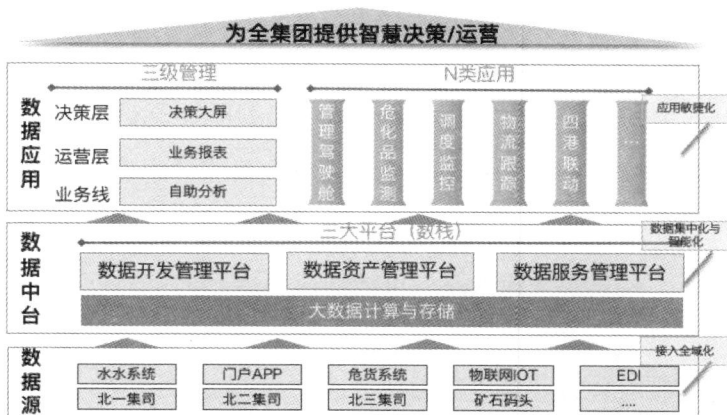

图 4-6 港口数字化项目数据中台架构

2. 项目成效

（1）码头实时业务感知

通过中台构建统一采集，统一存储业务，实现融合分析，多样服务，以及数据零搬迁，使业务人员实时感知码头业务变化。

（2）全域数据分析

数据中台帮助业主进行全域数据分析，实现了船舶位置分析、集卡位置分析、全程物流分析。

（3）标准数据运营

通过数据中台落地，形成了全套数据中台标准规范和运营规范，帮助客户内部形成一支数据中台运营团队。

（4）助力智慧码头建设

数据中台是客户实现智慧码头的核心承载体，在从微观的单个码头作业感知，到港口业态的业务协同，再到宏观的出口贸易经济，各层面都发挥了重要作用。

（四）案例四：杭州东站交通枢纽数字孪生全景运营状态监控系统

1. 项目简介

杭州东站作为杭州乃至浙江铁路运输的枢纽，接入了沪昆、宁杭、沿海（杭甬、甬台温、温福）、商合杭、杭黄等高铁，还有沪昆（沪杭、浙赣）萧甬、杭长等普速铁路，可谓四通八达；单站客流量甚至在节假日偶尔还会赶超大多数人认知客流量最大的交通枢纽——上海虹桥站，存在超载的压力。

袋鼠云以旅客畅快出行为出发点，利用人工智能算法、大数据、实时云渲染等技术，打造交通枢纽数字孪生全景运营状态监控系统，实现数据层面的即时感知和全数集成、应用层面的智能监管和分析预测、运营层面的科学决策和主动服务，推进旅客从基本出行向安全出行、品质出行、幸福出行升级（见图4-7）。

2. 项目成效

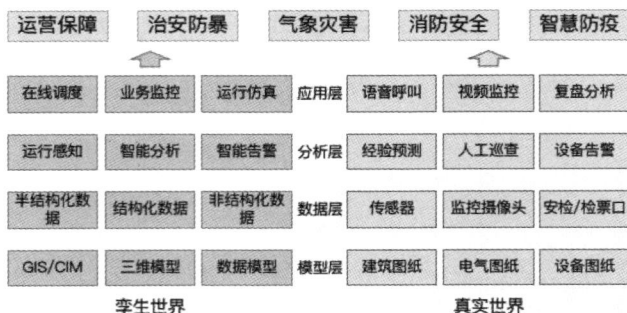

图 4-7 交通枢纽数字孪生全景运营状态监控系统

（1）精准量化，为管理赢得几分钟的提前量

袋鼠云构建了交通枢纽的"CPU 处理器"，通过高速的数据传输、高效的事件存储、智能的数据分析、最优的资源调度、逼真的可视化效果呈现，提高事件发现、分发、处置、反馈效率。

例如东站枢纽管委会的相关工作人员借助平台可预判铁路客流，从而合理调度公交、地铁、网约车、出租车。通过数据分析发现，后半夜到达的旅客更喜欢点对点的客运出行，于是工作人员便联动网约车、出租车平台增加运力，并增派人手到地面维持交通秩序。运力调配让旅客的平均离站时间从 25 分钟下降到 14.7 分钟。

（2）温馨服务，满足旅客群众的美好出行需求

面对旅客群众对交通枢纽提出的高服务质量要求，通过数字孪生技术，克服传统模式的场景不够智慧、体验不够舒适等问题，全流程优化旅客服务场景，让出行服务便利每一个环节、安全每一个区域。

东站枢纽安全智控系统重点推出运营保障、治安防暴、气象灾害、消防安全、智慧防疫等五大数字场景。以智慧防疫为例，杭州东站计划联合疫情防控指挥部、卫生健康委员会等部门，希望借助数字化改革的力量，让"发现异常—安全转运—跟踪反馈"等流程形成一道精密闭环，尽最大可能降低安全风险。

（五）案例五：金华防汛大脑

1. 项目简介

金华地处浙江中部、钱塘江上游，具有"七山二水一分田"的复杂地貌，全市有水库 815 座、山塘 3500 多座，分别占全省的 1/5、1/4，集雨面积 15 平方公里以上的河流 245 条，每年汛期流域性洪水、小流

域山洪、地质灾害、城镇内涝等灾害多发频发。

金华防汛大脑项目运用大数据分析、数据可视化等技术，建设金华防汛大脑指挥决策平台，通过深入挖掘全市多年积累的水、雨、灾情历史数据，结合汛情监测、预警和指挥调度体系，并与气象、水文、建设、国土、民政、交通等部门的防汛数据资源深度融合，分析研判汛情风险，预测灾害发展趋势，科学制定灾害应对方案，提高防汛指挥决策水平，减少洪涝台旱灾害带来的损失（见图4-8）。

2. 项目成效

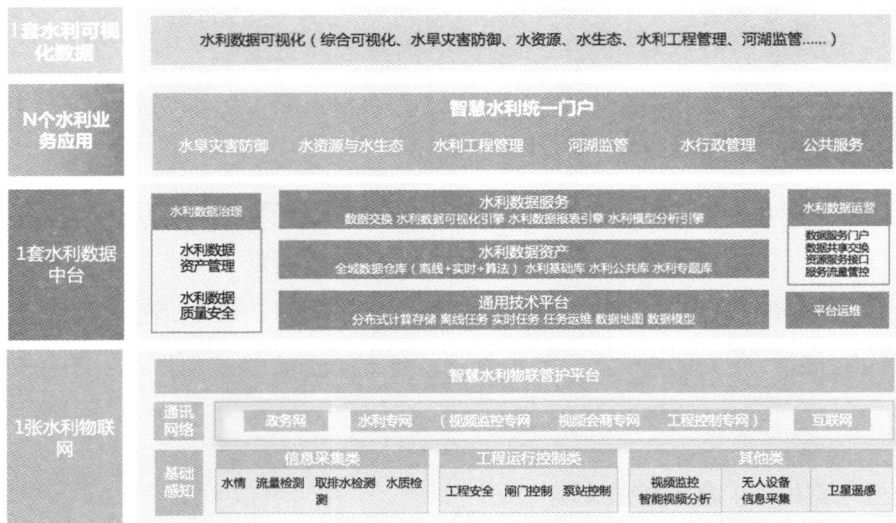

图4-8 金华防汛大脑项目数据中台架构

（1）一张智能感知网

建设内容包括水情测报、闸泵站测控、工程安全监测、视频与安防监控等。通过物联和视频实时数据，及时、形象、有效、真实地反映被监视控制的对象，便于运行人员随时掌握各工程的运行状态并结合自动化控制系统，对闸门进行远程的控制和保护，及时协调和采取应对措施，以确保引水工程主要建筑物、关键设备、重要管理机构运行的安全，为工程安全运行提供重要的决策依据。

（2）一朵基础设施云

主要建设内容包括通信和计算机网络建设、计算及存储资源建设、云平台建设、实体配套环境建设等。基于云平台开放服务，将水利信息资源整合，贡献服务平台各个模块，以及综合应用提供托管运行环境和公共的基础云服务，实现各种IT能力资源的弹性扩展和持续供应，采用云计算技术实现水利信息资源整合，支撑共享平台的基础。

大数据平台可以对海量内外部异构数据资源的生成、存储、管理和应用提供支持工具，实现异构数据的集中管理，并为上层应用提供大数据的使用机制和服务能力，最终实现"应用上云"。在水利云平台的基础上，通过使用公共应用平台提供的资源和服务同时进行，从而减少公共服务的重复建设。

（3）一个数据中心

建设内容包括数据统一采集与交换平台建设、数据资源平台建设、应用支撑平台建设、大数据分析与应用建设，数据中心的建设实现水利基础信息的共享存储、集中交换和综合服务的重要信息基础设施，是水利信息资源综合开发和利用的基础，是水利信息化建设与发展的核心工程。

（4）一张水利专题图

以水利地理信息服务系统为基础，通过及时获取测绘部门、自然资源局部门的最新高分辨率影像图（卫星遥感影像图、无人机航拍影像图）、数字高程模型以及公共基础信息等资料，依托GIS平台服务，采用二维GIS、三维GIS、B/S结构、遥感影像分析等技术，嵌入倾斜摄影 3D 建模模型支持，同时支持 BIM 数据库检索导入展现。结合金华市最新的水利要素信息，构建各类水利专题地图服务，并对相关的地图服务进行发布，实现水利地理信息资源共享、使用、管理和更新，为水利综合信息展示提供可视化地图支撑，可以理解为智慧水利的"一张图"应用。

（5）一个水利综合门户

为了解决不同系统入口多、登录烦、体验差、查找难，用户账号、身份认证、授权管理分散，一个用户有多套账号需要多次登录、用户未完全实名制、用户身份认证方式与安全等级不匹配、授权体系缺乏完整性和系统性等问题，亟须开展统一门户集成，对现有系统的用户、身份认证、权限管理进行整合。

金华市智慧水利综合门户建设，以门户平台技术为支撑，整合和集成不同架构的业务系统，实现各业务系统的单点登录、数据的统一展现共享和信息的一站式查询，简化应用登录，充分挖掘已建成系统使用价值，实现在建系统及拟建系统的高效、便捷无缝集成。

对已建系统进行身份认证改造和用户管理改造，根据系统现状，完成与中心单点登录服务的对接，实现身份认证改造；根据系统现状，选择应用集成、界面集成或 Web 服务等方式进行用户管理改造。

（6）N 个智慧应用

基于数据中台的数据分析显示，上层的智慧应用场景很多，例如基础检测与控制场景，其内容包括闸泵站测控、水情测报、水质检测、工程安全监测、视频与安防监控等场景。

除此外，其他场景有防汛抗旱决策支持、水资源智慧调度、水利工程管理、水政执法监督、智能告警与智能分析交互、智慧党建、水利大数据信息服务等应用场景。

（7）一套水利可视化数据

基于各防汛防台防旱指挥部成员单位的实时监测和预报信息，项目以数据可视化的形式展现监测预报预警信息，全方位掌控汛情发展形势，实现台风风险、降雨风险、山洪 / 地质灾害 / 城区内涝风险、应急响应各场景之间的联动切换，展示台风、水位、雨量、山洪、物资、抢险人员等核心监控指标，为防汛调度和指挥决策提供有力抓手。

（六）案例小结

从上面五个案例中，我们可以看出，用好数据中台的理论，可以非常好地解决数字化改革中 1+5+2 的问题，也就是 1 个数据平台、5 个数据场景以及 2 个数据化的标准。有了数据中台的理论指导，数字化改革会变得更加简单。

我们再看一张数据中台全景图（见图 4-9），回顾一下数据中台的整体解决方案。

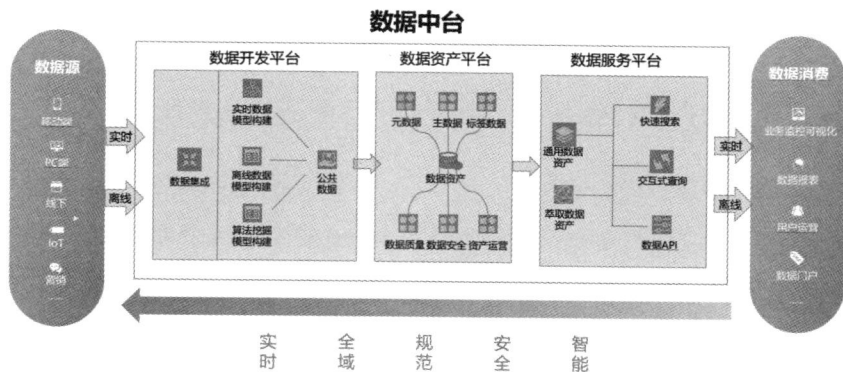

图 4-9　数据中台全景

最左侧是企业的全域数据源，通过批流一体的数据同步工具，进入数据中台的基础设施，也就是数据中台的三大平台：开发平台、资产平台、服务平台，以及围绕这三大平台展开的数据开发、数据资产、数据服务等过程，形成数据资产与数据价值，并最终服务于右侧的各种应用。

可以看到，整体的数据中台解决方案是从价值驱动入手，以客户为中心，以技术为底盘，构建数字化基础设施，并通过对全域数据的价值挖掘，实现数据价值的快速体现的过程。数据中台解决方案大幅度地降低了数字化改革的成本，提升了数字化改革的效率以及成功率。

在数据中台中，最终客户与智能商业活动紧密连接，实现了快速的反馈闭环。

数据是活的，每个人／终端随时都是数据的生产者，这些数据被实时收集处理，再实时被自己或者他人使用。

算法是活的，它从真实的商业场景中发芽，而用户对产品、服务的每一次体验，都成为算法迭代成长的养分，使算法敏捷迭代，越来越懂用户所需，越来越聪明地反映商业本质。

反馈闭环是活的。其中，产品在迭代，数据在流动，算法在成长；最终，用户体验是活的，不再是预先设计的、固化的死产品、死服务，而是基于与用户的持续互动不断改善，不断适应用户所需，与用户一起成长。

（陈吉平 杭州玳数科技有限公司创始人、董事长）

高峰按

数字化时代已然到来，我们每个人、每个应用、每个设备都是数据的生产者，同时也是数据的使用者，在线连接是数据化的过程，互动是数据往来的过程，结网协同所需的能量无不来自数据的张力与动能。数据是数据时代的第一生产要素，而数据中台是技术发展过程中的必然产物。陈吉平从数据化基础设施、数据源与数据归集、数据资产与数据生态、数据服务化与数据价值化几个方面全方位地解释了什么是数据中台，以及数据中台与数字化转型、数字化改革之间的关系，并得出了数据中台就是政府数字化改革的最佳解决方案与利器的结论。但政府数字化改革到底该如何进行，数据中台又发挥着什么作用？陈吉平用袋鼠云一个又一个的案例给出了答案。与此同时，企业也希望通过数字化最终实现业务的变革、重塑和增长，陈吉平揭示了其中的机遇与挑战。

CHAPTER 5

第五章

区块链：
数字化信任基础设施

数字化转型已成为未来经济发展的主要动能。2020年以来，区块链技术被纳入了新技术基础设施——"新基建"范畴，带动了相关数字产业的融合发展。而资产数字化、数字人民币也正在成为数字经济发展的热点，也是产业区块链发展的"新风口"。

一、区块链：下一代信任基础设施

（一）区块链的内涵：始于但不止于比特币

区块链起源于比特币。2008 年 11 月，中本聪发表了《比特币：一种点对点的电子现金系统》论文，阐述了基于共识机制、P2P 网络通信、密码学加密、时间戳等技术的电子现金系统设计思路。2009 年 1 月序号为 0 的创世区块诞生。近年来，全球各国政府对比特币的监管政策各不相同，但支撑比特币运行的区块链技术却日益受到全球各国政府和产业界重视。

什么是区块链？区块链是一种使数据不可篡改、不可抵赖、可追溯的数据组织与管理技术。它起源于比特币，使得比特币成为数字比特世界当中第一种不需要依赖于现实世界的信用背书而独立存在，具有唯一性信用保障的数字资产。区块链正在将更多的数据构造成真实可信的唯一介质，为信用、身份、证书、资产等重要现实数据建立起可信的映射载体。区块链将数据与客观时间相对应，以客观时间戳的唯一性确保了数据的唯一性、真实性和不可篡改性，从而通过构造与物理世界相似规则的形式建立了安全、可信的互联网运行和执行环境，形成了互联网价值与信任传递的基础。

（二）区块链的发展：从数字货币到产业区块链

1. 区块链 1.0

区块链 1.0 是以比特币为代表的数字货币走向场景应用，行使包括跨境支付、日常支付等部分货币职能。未来的货币不再依靠全球各国央行的主权信用，而是基于全球化、非中心化的运行机制。

基于区块链的数字货币体系具备以下三大特点：①分布式账本共同维护，无需大量消耗人力物力，非中心化架构使得成本大幅降低。②以密码学算法为信用背书，可以让不同背景的机构或个人获得共识。③任一节点出现故障，不会影响整个网络系统的正常运作，具备高可用性。

区块链 1.0 是可编程货币，是与跨境支付、数字化支付相关的密码学货币应用，已被全球各国央行确认为实现法定数字货币的关键技术。

2. 区块链 2.0

区块链 2.0 则是在区块链 1.0 之上增加了智能合约可编程功能。智能合约概念，最早由尼克·萨博提出，"一个智能合约是一套以数字形式定义的承诺，包括合约参与方可以在上面执行这些承诺的协议"。区块链 2.0 将智能合约与数字金融有机融合，实现数字金融领域更加广泛的可编程应用场景。

区块链应用于数字金融场景具有天然优势。例如，如果银行间要进行跨境转账，需要打通如货币兑换、转账操作、跨行问题等各个环节。而区块链实现的点对点的操作，避免了第三方机构的中介信用背书，直接实现点对点转账，大大提高了支付效率。区块链 2.0 的代表是以太坊。以太坊本质是一个智能合约平台，提供了一个强大的可编程合约 IDE 环境，通过合约开发实现了各种应用场景下的复杂商业逻辑。

3. 区块链 3.0

区块链 3.0 指的是可编程社会，即区块链应用在金融行业之外的政务、司法、能源等其他应用领域，能够满足更加复杂的商业应用逻辑，我们称之为产业区块链。

目前已有数千种区块链应用项目正开展探索或已落地，不仅为各行业带来巨大经济效益和社会价值，而且对推动国家治理体系和治理能力现代化、产业数据生态构建、数字经济转型发展以及加快发展现代产业体系起到至关重要的作用。

总之，区块链 1.0 是区块链技术的货币场景应用；区块链 2.0 是数字金融智能合约应用；而区块链 3.0 是为了解决各行各业的互信协作问题，并与实体产业融合的产业区块链。

（三）区块链的关键作用：与实体产业深度融合

区块链是新技术基础设施在数字经济时代的创新生态应用模式，非中心化、开放性、自治性、可编程性是其基本特征。区块链将在很大程度上重构社会信任体系，一方面是由于区块链上的数据不可篡改，即一旦数据通过共识机制验证上链，就会永久可信存储。这也完全改变了中心化的信用创建机制，而是通过共识机制来建立信用，分布式身份、电子证照、房产产权、数字藏品等都可以在区块链上进行确权。

另一方面是基于合约代码的信任，区块链信任模型是划时代的，重构了社会运行机制和关系。基于传统模式，我们信任支付宝，本质上是信任蚂蚁公司；存钱进银行，本质上是信任银行机构；买卖股票，是信任国家信用担保的证券交易所。传统的信任机制，本质上受制于个人、组织、政府的担保、公证、法律、法规等一系列规则和机制，以及这些规则之间的组合。若删除其中一个规则，那么这份信任就会大打折扣，进而影响了交互的规模，必然会产生中间协调的损耗。

在国家产业政策和产业融合需求层面，产业区块链已经成为国内区块链产业发展的主要方向。区块链和各种实体产业的深度有机融合，已成为支撑数字经济长远发展的重要"底座"之一。中华人民共和国国民经济和社会发展第十四个五年规划纲要提出"加快数字化发展建设数字中国"，其中"区块链"被列为数字经济重点产业。很显然，在产业政策层面大力推动区块链技术产业生态发展，已经成为我国各级政府的共识，产业区块链进一步加速发展的大趋势已经形成。

（四）国家相关区块链政策：加强区块链的顶层设计

第十三届全国人民代表大会第四次会议表决通过了《中华人民共和国国民经济和社会发展第十四个五年规划和 2035 年远景目标纲要》，其第五章第二节《加快推动数字产业化》中明确指出："培育壮大人工智能、大数据、区块链、云计算、网络安全等新兴数字产业，提升通信设备、核心电子元器件、关键软件等产业水平。"据统计，截至 2021 年 10 月份，全国已有超过 33 个省（自治区、直辖市）出台了区块链专项政策。国家层面，国家网信办、发改委、国务院、人大常委等部门也陆续发布了相关政策。[1]

---

[1] 以下内容根据相关政府网站以及政策文件整理。

国家网信办：《区块链信息服务管理规定》

2019 年 1 月 10 日，国家互联网信息办公室发布《区块链信息服务管理规定》，并于 2 月 15 日起正式施行。该《规定》指出，区块链信息服务提供者和使用者不得利用区块链信息服务从事危害国家安全、扰乱社会秩序、侵犯他人合法权益等法律行政法规禁止的活动。该《规定》规范了我国区块链行业的发展，意味着我国正式迎来对于区块链信息服务的"监管时代"。

国务院：《关于深化改革加强食品安全工作的意见》

2019 年 5 月 9 日，国务院发布了《关于深化改革加强食品安全工作的意见》。该《意见》主张，要建立基于大数据分析的食品安全信息平台，推进大数据、云计算、物联网、人工智能、区块链等技术在食品安全监管领域的应用，对于区块链技术的食品安全应用提出了新要求和新意见。

国务院：《关于支持深圳建设中国特色社会主义先行示范区的意见》

2019 年 8 月 18 日，国务院印发了《关于支持深圳建设中国特色社会主义先行示范区的意见》，被誉为是深圳获得的又一个"干货多、硬货多"的重大政策红包。其中针对区块链，该《意见》提到：要支持在深圳开展数字货币研究和移动支付等创新应用；促进与港澳地区进入市场互联互通和金融（基金）产品互认；在推进人民币国际化上先行先试，探索创新跨境金融监管。

发改委：《产业结构调整指导目录（2019 年本）》

2019 年 8 月 27 日，国家发改委审议通过了《产业结构调整指导目录（2019 年本）》。该《目录》在"鼓励类"信息产业中增加了"大数据、云计算、信息技术服务及国家允许范围内的区块链信息服务"，成为我国区块链发展的重要支持性文件。

全国人大常委会：《中华人民共和国密码法》

2019 年 10 月，全国人大常委会发布了全新《中华人民共和国密码法》，并定于 2020 年 1 月 1 日起施行。该法旨在规范密码应用和管理，促进密码事业发展，保障网络与信息安全，提升密码管理科学化、规范化、法治化水平。作为我国密码领域的综合性、基础性法律，其对于区块链技术同样具有深远且重要的监管意义。

国家发改委：首次明确区块链是新基建的基础设施

2020 年 4 月 20 日，国家发改委召开例行在线新闻发布会，首次明确新型基础设施的范围。国家发改委相关负责人表示，初步研究认为，新型基础设施是以新发展理念为引领，以技术创新为驱动，以信息网络为基础，面向高质量发展需要，提供数字转型、智能升级、融合创新等服务的基础设施体系。首次明确了区块链是新基建的基础设施，这意味着区块链技术已经上升为国家战略技术。

工业和信息化部、中央网络安全和信息化委员会办公室：《关于加快推动区块链技术应用和产业发展的指导意见》

2021 年 6 月 7 日，工业和信息化部、中央网络安全和信息化委员会办公室联合发布《关于加快推动区块链技术应用和产业发展的指导意见》。该《指导意见》提出了我国区块链产业的发展目标：到 2025 年，区块链产业综合实力达到世界先进水平，产业初具规模。《指导意见》明确了区块链技术重点应用的四大行业。为了进一步保障区块链产业发展，《指导意见》提出六大保障措施。

中央网络安全和信息化委员会办公室、中央宣传部、国务院办公厅等 18 个部门和单位：《关于组织申报区块链创新应用试点的通知》

2021 年 10 月，中央网络安全和信息化委员会办公室、中央宣传部、国务院办公厅等 18 个部门和单位联合印发《关于组织申报区块链创新应用试点的通知》，宣布将在实体经济、社会治理、民生服务、金融科技4大类16个领域，组织开展国家区块链创新应用试点行动。该《通知》明确，到2023年底形成一批可复制、可推广的区块链创新应用典型案例和做法经验，进一步发挥区块链在促进数据共享、优化业务流程、降低运营成本、提升协同效率、建设可信体系等方面的作用，助力网络强国、数字中国建设。

二、区块链与数字货币

（一）央行数字货币

中央银行法定数字货币是中央银行货币的数字化形式，有助于优化货币支付职能，提高货币地位和货币政策有效性。央行数字货币可以成为一种计息资产，满足持有者对安全资产的储备需求，也可成为银行存款利率的下限，还可成为新的货币政策工具。央行可有效调节法定数字货币利率，从而影响银行机构的存贷款利率，有助于打破零利率下限。

全球已有不少国家在央行法定数字货币研发上取得实质性进展或计划发行央行法定数字货币，包括中国、法国、瑞典、泰国、土耳其、巴哈马、乌拉圭、厄瓜多尔、委内瑞拉、柬埔寨等。在2018年和2019年，国际清算银行与支付和市场基础设施委员会两个权威国际组织共同对全球60多家中央银行进行了两次问卷调查，内容包括各国央行在法定数字货币上的进展情况、研究法定数字货币的动机以及发行法定数字货币的可能性。70%的央行表示正在参与或将要参与法定数字货币的研究。

以下是部分国家在法定数字货币研发上的进展现状，中国法定数字货币的研发进展将在下文具体介绍。

1. 美国联邦储备币计划

2020 年初，美国数字美元基金会推出数字美元计划，开始探讨建立本国央行法定数字货币可能采取的实际操作路线，但尚未决定是否推出数字美元。美联储 FedCoin 计划再次被提出，FedCoin 作为一种零售型央行法定数字货币，与美元等价锚定。

2. 新加坡与加拿大的联合实验

2020 年 5 月，新加坡金融管理局和加拿大银行联合开展了央行数字货币桥支付的实验。双方各自建立了数字货币 Jasper 项目和 Ubin 项目，分别建立在不同的分布式账本技术上。通过这项实验，两者之间可以使用 CBDC（中央银行数字货币）进行跨境支付结算，解决了跨境支付时间长、费用高、不可控等问题。

3. 瑞典 e-krona 项目

2017 年，瑞典央行开始启动 e-krona 项目，目前还未明确发行 e-krona。但因瑞典无现金化趋势越来越明显，对开发央行数字货币项目态度比较积极。2020 年，瑞典央行联合埃森哲开发了 e-krona，进行了多次技术验证测试。

4. 委内瑞拉石油币

委内瑞拉政府希望通过石油币完成经济转型，缓解国内严重的通货膨胀；于 2018 年 2 月宣布发行石油币，石油币的价值与油价挂钩，发行量为 1 亿枚。

5. 厄瓜多尔币

厄瓜多尔是首个发行央行法定数字货币的国家，于 2015 年 2 月发行厄瓜多尔币。只有符合条件的居民有权使用，可以在商场、银行、娱乐场所等支付厄瓜多尔币。厄瓜多尔币受到中央政府的监管，并维持汇率稳定，被认为是去美元化进程的措施之一。厄瓜多尔币并没有得以大范围推广，于 2018 年 4 月份停止运行。

（二）超主权货币

主权货币是以国家主权信用为担保发行的法定货币，与国家当前的经济状况相关；其风险在于一旦国家经济出现问题，那么主权货币的价值也会迅速调整。而在经济全球化的今天，国与国之间的商品贸易需要一种超脱于国家之上，和国家主权信用无关的货币，即超主权货币。超主权货币是与任何国家主权脱钩的具有稳定的定制基准且为各国所接受的储备货币，并作为全球货币储备和商品贸易的结算工具。①

对于储备货币发行国而言，国内货币政策目标与各国对储备货币的要求会产生矛盾。货币当局既不能忽视本国货币的国际职能而单纯考虑国内目标，又无法同时兼顾国内外的不同目标。既可能因抑制本国通胀的需要而无法充分满足全球经济不断增长的需求，也可能因过分刺激国内需求而导致全球流动性泛滥。储备货币发行国无法在为全球提供流动性的同时确保币值的稳定。当一国货币成为全球大宗商品定价货币、贸易结算货币和储备货币后，该国对经济失衡的汇率调整是无效的，因为多数国家货币都以该国货币为参照。创造一种与主权国家脱钩、并能保持币值长期稳定的全球储备货币，从而避免主权信

---

① 什么是超主权货币？https://www.sohu.com/a/395059535_100099842.

用货币作为储备货币的内在缺陷，是国际货币体系改革的理想路径。凯恩斯曾提出采用 30 种有代表性的大宗商品作为定价基础从而建立国际货币单位 Bancor 的设想，但未能真正实施。1969 年，国际货币基金组织创设了特别提款权，以缓解主权货币作为储备货币的风险。

真正的超主权货币应能作为价值衡量工具，但是大宗商品的价格时刻都在变化。比如铁矿石储量大国希望提高铁矿石在超主权货币中所占比例，石油储量大国希望提高石油在超主权货币中所占比例。但各国诉求不同，就难以制定出同时满足各国利益的一致方案。另外，货币相对强势的国家也不愿意见到超主权货币的出现。目前美元实质上是全球商品贸易的结算货币，在实现超主权货币的功能，因此美国可以利用美元地位通过超发来获得大量的收益。但是美元本身需依赖于美国自身的经济状况，没有实现真正意义上的超主权。

目前比特币发展迅速，特别是大量机构的介入，扩大了比特币的流通应用场景和使用范围。但比特币在全球范围内的影响力仍是有限的，而且比特币能不能被共识为货币，还需要各主权国家的认可。而从目前来看，全球各国政府对比特币的定性仍是商品或者资产。另外比特币的短时波动性太大，更不符合超主权货币稳定的要求，更像是数字黄金。所以未来比特币会在全球一定范围内流通，但成为超主权货币可能性不大。

（三）跨主权货币

2019 年 6 月 18 日，全球社交巨头 Facebook（已更名为 META）发布 Libra（已更名为 Diem）白皮书。Libra 的使命是建立一套简单的、无国界的货币和为数十亿人服务的金融基础设施。Libra 旨在成为一个新的去中心化区块链、低波动性的加密货币和智能合约平台，实现全球性的普惠金融服务。

作为一个符合数字经济特点的跨主权范围的 Libra，必然会对货币政策、金融监管、金融安全带来影响，具体表现为以下三个方面。

（1）重塑全球支付行业：Libra 会重塑全球移动市场的关键金融服务生态系统，大部分金融中介机构的市场份额会大大降低。

（2）降低主权国家的资本管制能力：Libra 具有协助企业、个人跨境转移资产的能力，可能会突破央行采用基于资本管制的货币政策。

（3）强化美元强势地位：目前大多数商业机构发行的稳定币（包括 Libra）实质上是锚定美元，若这些稳定币得到大范围使用，将进一步挤压人民币国际化的空间。

（四）数字人民币

我国是最早研究央行法定数字货币的国家之一。数字人民币又称中国央行数字货币、DCEP、e-CNY，是由中国人民银行发行，由指定运营机构参与运营并向公众兑换，以广义账户体系为基础，支持银行账户松耦合功能，与纸钞和硬币等价，并具有价值特征和法偿性的可控匿名的支付工具。[①]

数字人民币是经国务院批准计划发行的法定数字货币。央行在组织市场机构从事研发相应工作。在投放层，央行和指定商业银行构建相应的数字人民币管理系统，形成"一币、两库、三中心"核心体系；在流通层，流通机构需要对银行核心系统、数据库、POS 机等进行技术迭代；在支付方式上，"扫一扫""碰一碰"和线上支付是主要方式，其中"碰一碰"支持在线和离线两种环境。

---

① 穆长春 .DCEP 以广义账户体系为基础，不会冲击现有移动支付格局 [EB/OL]. https://www.cebnet.com.cn/20200612/102668303.html.

中国人民银行副行长范一飞表示，数字人民币采用双层运营体系，不改变流通中货币的债权债务关系，不改变现有货币投放体系和二元账户结构，不会构成对商业银行存款货币的竞争，不会增加商业银行对同业拆借市场的依赖，不会影响商业银行的放贷能力，也就不会导致"金融脱媒"现象。同时，由于不影响现有货币政策传导机制，不会强化压力环境下的顺周期效应，且能提升支付便捷性和安全性，还具有央行背书的信用优势。[①]

数字人民币将保留实体货币的强匿名性，不会要求每笔交易双方 KYC 实名认证，但交易数据会留痕。央行可以采用大数据人工智能方法识别可疑交易，从而打击洗钱、逃税、恐怖融资等违法行为；同时，数字人民币还能提高流通效率，不易被伪造。对个人用户来讲，数字人民币会随着日常的付款、转账、汇款和商业交易被快速普及；对金融体系来讲，可利用现有的商业银行账户体系，引入数字货币钱包属性。推广数字人民币会将目前流通在银行体系之外的纸钞转换到银行体系内；同时，数字人民币将会推动跨境清结算网络建立，绕开美国主导的跨境清算系统，推进人民币国际化的进程。

三、区块链与数字资产

（一）资产数字化

资产上链也正成为产业区块链发展的热点方向。资产上链是指链下的资产和链上的身份相对应，链下的权利和义务上链之后，链上身份的所有权需要受到法律保护，拥有了链上身份就等于拥有了链下资

---

① 范一飞. 关于央行数字货币的几点考虑 [EB/OL]. https://www.yicai.com/news/5395409.html.

产。现实中的物理资产和区块链身份之间关系的实质法律认可是最为关键的，交易合规性也至关重要。另外，当确认产权的成本和交易成本趋近于零的时候，资源会导向最优配置。资产上链让资产流通成本趋近于零，必然会提升整个社会的生产效率。

资产数字化是将现实资产采用区块链技术实现数字化的过程，区块链可以理解为一种"确权的机器"，大数据、数字藏品、积分权益等各类资产通过上链实现低成本、高效率确权和流转，并基于智能合约实现自动化、智能化使用和交易机制。

我们判断一个应用场景是否适合区块链应用的基本前提是，需要对应的资产标的物是可以数字化的。无形资产进行数字化过程相对简单，难点在于有形资产，虽然从理论上来说大部分有形资产都可以通过物联网技术解决数字化问题。有形资产上链的难度和成本是潜在问题，若上链的成本已经超过了商品本身的价值，那么这种上链就没有必要。此外一些形态可变化的资产数字化难度更大，例如黄金、白银、铁矿石等。如果有形资产不能数字化，盲目用区块链技术实现通证化，就可能造成资产与通证分离或被替换的风险，若要实现溯源、存证、交易等应用目的的可信性存在不足。

目前实现有形资产数字化的成熟方法和工具尚未形成，大宗商品资产需由政府信用背书的机构确权，再将确权信息数字化是现阶段比较可行的方案。而对于普通商品类有形资产，实现单一商品唯一性数字标记将会是一个漫长且复杂的过程，这也是区块链行业可以去传统行业赚钱的蓝海市场，各品类商品的数字化方式是一系列有待解决的技术难题。

（二）数据安全共享

数据是数字经济时代最具价值的生产要素，其安全交换成为数据生产要素流通的前提。

1. 数据安全

国际标准化组织对计算机系统安全的定义是：为数据处理系统建立技术和管理的安全保护，保护计算机硬件、软件和数据不因偶然和恶意的原因遭到破坏、更改和泄露。由此，计算机网络的安全可以理解为：通过采用各种技术和管理措施，使网络系统正常运行，从而确保网络数据的可用性、完整性和保密性。所以，建立网络安全保护措施的目的是确保经过网络传输和交换的数据不会发生增加、修改、丢失和泄露等。

2017 年 12 月，中国政府提出，要构建以数据为关键要素的数字经济，要切实保障国家数据安全，要加强关键数据资源保护能力，增强数据安全预警和溯源能力。

2018 年 5 月，全国信息安全标准化技术委员会发布《信息安全技术个人信息安全规范》，针对个人信息安全问题，规范了个人信息控制者在收集、保存、使用、共享、转让、公开披露等信息处理环节中的行为。

2020 年 4 月，中共中央、国务院印发《关于构建更加完善的要素市场化配置体制机制的意见》，首次明确数据成为继土地、劳动力、资本和技术之外的第五大生产要素。

2021 年 6 月 10 日，第十三届全国人民代表大会常务委员会第二十九次会议通过《中华人民共和国数据安全法》，自 2021 年 9 月 1 日起施行，为全球数据安全治理贡献中国智慧和中国方案。

2. 数据交易

随着数据要素市场的进一步改革，数据交易商业实践无论在广度还是深度上，均有重大突破。数据的核心价值在于连接与共享，其高效流通会带来巨大的商业价值；特别是数据交易，可以促进高价值数据的汇聚连接与开放共享，最大限度激活数据要素价值，对于推动数据产业具有重大意义。作为数据要素确立产权、安全保护、价值构建、交易流通的重要载体和基础设施，建设数据交易所对各地培育数据要素市场有深远意义。

2014 年，全国首家数据交易所——贵阳大数据交易所正式成立。迄今为止，包括数据交易所、交易平台、交易中心等在内的各类数据交易平台已经超过 20 个。仅仅在 2021 年，就有北京国际大数据交易所、上海数据交易所、北方大数据交易中心三个重要平台成立。

3. 隐私计算

隐私计算可以让数据在流通过程实现"可用不可见"，在保护数据隐私的前提下，解决数据流通、应用等数据服务问题，最终为数据利用和安全性保障提供两者皆可得的解决方案。

隐私计算可以为服务的使用者降低法律风险，提升合规水平；更重要的是，可以将以前不可用的数据积累通过安全的计算方法开发出其中蕴含的重要价值。

场景一：金融反欺诈黑名单查询

金融行业的审核环节需要对用户的三要素四要素进行查询，采用隐匿查询的技术可以在保护各方数据隐私的情况下，对用户信息做到快速准确地查询，既保证了安全性，也更好地保证了合规性。

场景二：用户信用评估

采用隐私计算技术，可以将合作方数据与平台数据在不转换所有权的情况下进行有效交换和整合，在建模过程中可以对用户的多维度信息进行全面有效的挖掘和探查，同时又不触犯用户的隐私，做到高效合规。

场景三：精准营销

对于如何获取新用户，如何为老用户发掘新业务，如何为存量用户增加深度需求，以及如何避免用户流失，需要依靠精准的用户增长模型来提供营销决策支持。采用隐私计算等技术可以针对用户在不同领域活跃度的差别和不同维度特征的变化，对用户群体进行更细化地区分和更精准地选择，针对不同特性的群体提供更精准地转化。

四、区块链助力数智金融先行省建设

2021 年 7 月，浙江省政府发布的《浙江省金融业发展"十四五"规划》（以下简称《规划》）的主要目标，可概括为"一个体系 +1234"。[①]

一个体系，指数智化区域金融运行体系，主要是"搭建一个平台，提升四大能力"。一个平台就是搭建富有浙江特色的数智金融平台，提升服务实体经济能力、服务百姓普惠金融能力、金融产业高质量发展能力和金融风险防控处置能力。"1234"，即加快打造全国一流新兴金融中心，深入实施融资畅通工程、"凤凰行动"两个升级版，积极打造国际金融科技创新、多层次资本市场发展、民营和中小微企业金融服

---

① 浙江省金融业发展"十四五"规划 [EB/OL].http://minyi.zjzwfw.gov.cn/dczjnewls/dczj/idea/topic_2485.html.

务三大高地，联动建设具有全国引领示范效应的科创金融、绿色金融、普惠金融和开放金融四大特色带。

构建数智化区域金融运行体系，探索构建"金融大脑"，形成"平台＋大脑＋场景应用"的体制。大数据、云计算、区块链、人工智能等数字技术奠定了体系构建的基石，须同步发展，合力形成完整的数字金融技术生态系统。最终，不断完善应用场景，将金融与产业链、供应链等实体经济体系深度融合，形成完善的"链网式金融"。

（一）长三角期现一体化油气交易市场

2021 年 3 月，全国政协委员、上海市政协副主席、九三学社上海市委主委钱锋在政协十三届四次会议大会发言中表示，推进长三角大宗商品交易市场建设，提升我国大宗商品定价话语权。钱锋建议，一是以长三角一体化发展为契机，打造长三角期现一体化油气交易市场；二是提升原油期货交割便利性，推进建立亚太地区原油集散贸易中心；三是夯实大宗商品现货市场基础，建设石化能源产品保税现货贸易及结算平台。

浙江省人民政府印发了《中国（浙江）自由贸易试验区深化改革开放实施方案》，提出"打造以油气为核心的大宗商品全球资源配置基地"是主要任务之一，包括支持国际油气储运基地建设、支持国际油气交易中心建设、支持国际海事服务基地建设、支持国际绿色石化基地建设和建设国际大宗商品贸易中心。

浙江主攻全产业链布局，依托长三角一体化发展国家战略和浙江自贸试验区油气全产业链优势，与上海期货交易所共建长三角期现一体化油气交易市场，以区块链技术为基础，打造数字化交易平台，共建保税商品登记系统，推动标准仓单与非标准仓单互认互通，积极探索大宗商品场外市场建设新路径。该保税商品登记系统，已实现低硫燃料油在保税监管场所从入库报关、期货标准仓单、现货仓单、出库出关全流程确权和登记功能，并实现现货仓单交易与质押融资业务。

（二）金融综合服务平台

浙江省金融综合服务平台自 2019 年 11 月发布上线，至 2021 年 8 月中旬，累计交易量突破 2 万亿元。直接对接完成授信 4500 余亿元，惠及 11.7 万家企业。其中，17.2% 的企业为首贷户，90% 的贷款 3 天内完成授信，93.3% 的贷款为普惠型小微贷款，26.4% 的贷款以纯信用方式发放，提升了金融领域数字化改革的获得感。[①]

该平台直连金融机构内部业务系统，收到企业融资申请后，银行在信贷业务全流程中，可按照不同环节、不同工作人员的具体职能个性化定制"字段级"查阅权限，精准获取企业信息。相较过去需从多个渠道获取信息的调查方式，如今银行客户经理在信贷调查时可通过省数字金融综合服务平台一键式获取 70% 的企业信息。目前，在该平台上，数据调用量累计超过 9200 万次，涉及企业 170 余万家，其中 72% 是注册资本金在 100 万元以下的小微企业。而在银行端，4 万余名客户经理和信贷审批人员可在线快速响应和处理融资申请。目前，这一平台已建成了覆盖省、市、县三级银行放贷体系，同时在"浙江政务服务网"和"浙里办"APP 开发了"浙里网上贷（掌上贷）"，入驻的 201 家银行机构和 9517 个网点共发布 112 款信贷产品。

浙江省金融综合服务平台建立了浙江银保监局与浙江省发改委、浙江省经信厅、浙江省市场监督管理局、浙江省税务局等部门的跨系

---

① 浙江金综平台累计交易量突破 2 万亿元 [EB/OL].http://www.kjjrw.com.cn/system/2021/08/20/014159390.shtml.

统业务协同机制，综合运用大数据、人工智能、区块链等技术，把各政府部门的中小微企业的相关信息经省大数据发展管理局汇集后，通过金融主题库实现数据治理，实时接入金融综合服务平台，省内的银行机构可以直接触达、实时掌握、及时审评、精确放贷，大大提升信贷办理效率，大幅缩短业务办理时间并降低了融资成本。

浙江省金融综合服务平台将为地市平台的特色化应用场景开发提供金融基础设施支撑，鼓励各地开发区域金融特色产品，逐步构建浙江丰富的金融应用生态体系。同时，该平台还将深化与"企业码"、银税互动平台、"订单＋清单"监测预警系统等平台的对接，对浙江重点小微园区、63万户纳税B级以上小微企业，特别是首贷户进行全覆盖式的推广。

（三）数字人民币应用试点

2021年3月15日，浙江发布《浙江省金融业发展"十四五"规划》征求意见稿。征求意见稿指出，将深化移动支付之省建设，包括争取数字人民币应用试点，鼓励和引导浙江省相关企业参与数字人民币生态系统建设和延伸产业的研究开发。

浙江省推行数字人民币应用试点，有一定的产学研用生态基础。2021年12月6日，科技部官方网站公示了《国家重点研发计划"区块链"重点专项2021年度拟立项项目公示清单》。其中，"区块链生态安全监管关键技术研究"研发计划由杭州云象网络技术有限公司（以下简称云象）作为牵头单位，参与单位包括浙江大学、北京理工大学、南京航空航天大学、上海期货交易所、之江实验室等机构。该研发计划针对区块链生态"实体数量庞大、关联关系复杂、风险种类多样、链群空间异构"等现状，面向区块链生态中大规模实体、多层级风险的监管需求，项目围绕"大规模实体精准识别、多层级风险及时发现、跨平台关联有效监管"三个关键科学问题，重点突破大规模实体识别与关联分析、多层级风险发现与及时预警、跨链群跨空间账户关联与身份映射、跨账户跨平台穿透式关联监管等关键技术，构建"实体识别精准、风险发现及时、关联监管有效"的区块链生态安全监管技术体系框架，研建全维度穿透式高可用的区块链安全生态监管技术平台，并在法定数字货币与金融科技等场景中开展大规模应用示范。

同时，数字人民币借鉴了区块链技术的设计理念，在可追溯性、不可篡改性等方面具有区块链技术特征，特别在币串流通、智能合约、支付清结算、数字货币桥等场景中采用了区块链技术。浙江省作为数智金融先行省，借助数字人民币应用场景，进一步拓展区块链金融产业生态，力争将杭州打造成为区块链金融第一城。

五、典型应用案例

1. 跨行区块链福费廷交易平台

跨行区块链福费廷交易平台采用联盟链的形式，基于各参与银行通行的业务流程共同开发，将福费廷等贸易融资信息通过区块链平台进行撮合，改变了现有福费廷业务线下单点联系的现状。该平台采用统一的技术平台和数据标准，依赖共享账本机制，提供全联盟可见的公开报价，在区块链上完整记录磋商全过程；业务规则由智能合约实现非中心化管理，交易一旦达成即真实有效、无法篡改；同时对数据加密，确保交易安全。福费廷交易全流程及文件传输均通过该平台实现线上化、实时化和可视化，大大提高业务效率和安全性，简化企业办理手续，提升企业的融资效率，降低企业融资成本，同时为监管部门提供有效的资产交易监管途径，建立有效信用市场（见图 5-1）。

图 5-1　业务流程

跨行区块链福费廷交易平台是金融科技生产力与银行真实业务需求的有效契合，重塑了银行间信息互通及资产交易流程，提升了信息交互及资产交易效率和安全性，最终优化客户体验，更好地支持实体经济发展；创新区块链的技术应用场景，中国银行、中信银行、中国民生银行及中国光大银行等在国内将区块链技术运用在贸易融资领域，实现了真正意义上的线上福费廷交易，极大降低了交易成本，促进了福费廷等贸易融资业务的发展。福费廷系统从已有业务场景痛点出发，契合区块链系统的特点，有效地解决了区块链"落地难"的问题。

该平台借鉴开源社区的合作模式，在合作方内部，技术高度开放、共享，各合作方通力合作；在项目的落地上，打破行业壁垒，联合开发，同步上线，这样的开发模式在银行业内尚属首创，大大推动了银行业区块链生态圈的发展，而这种多主体合作的模式正符合区块链系统多中心化的核心特征，该模式将进一步助推银行及其他多行业间的协同发展。

2. 基于区块链的金融产品全生命周期管理平台

基于区块链的金融产品全生命周期管理平台由浙江金融资产交易中心（以下简称浙金中心）联合云象共同设计打造。该平台基于云象金融联盟区块链基础设施研发，重点解决金融产品全生命周期中多参与主体业务协同效率低、部分业务环节重复率高、人工干预程度高等问题，目前已应用于"金融产品发行审核"和"资金存管"两大场景。基于区块链的金融产品发行审核系统，通过联盟链优化金融资产发行审核流程，进一步强化风险信息共享机制，提升联盟成员单位的风控能力与监管力度；资金存管区块链通过区块链技术建立的标准数据流转体系、协同方式，首次实现金融资产交易中心与银行间的跨平台业务协作（见图 5-2）。

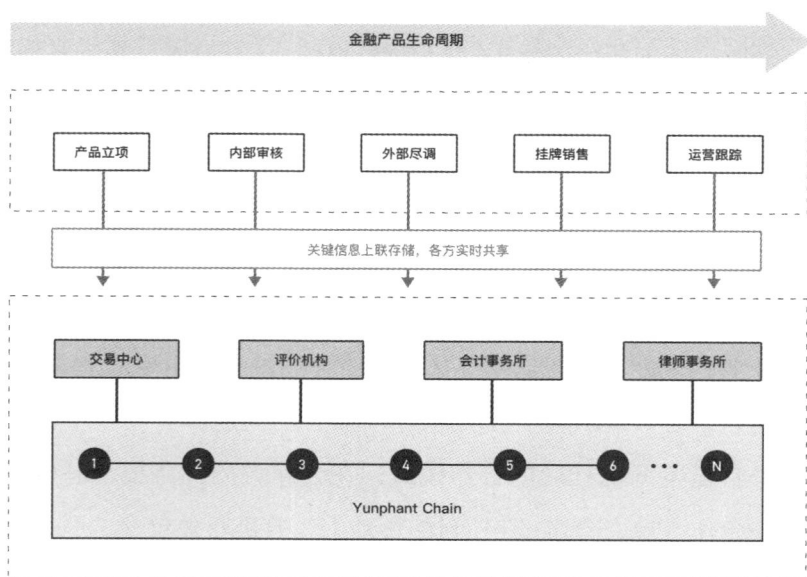

图 5-2　业务架构

从社会层面来说，基于区块链的金融产品全生命周期管理平台为金融资产交易提供了一个实时、高效、透明的多方协同交流平台。一方面，通过引入监管方、会计师事务所、评级机构等节点参与方，从单一机构信任背书转为多个机构协同技术信任背书，大大增强了金融资产交易的信任度。另一方面，监管机构实时对基础资产状态和交易环节进行穿透式监控，跟踪产品动态，规范业务流程，将有效保障投资者利益和合法权益，对推动监管科技发展具有深远影响。

从经济层面来说，金融资产交易是我国经济的重要组成部分。基于区块链的金融产品全生命周期管理平台通过用户权限管理策略，能够准确地追溯责任主体和责任人，保证基础资产的真实性和准确性。不仅提高资产端与资金端对接效率，更帮助投资者穿透基础资产和回款状态，对盘活基础资产，促进我国实体经济数字化发展具有十分重要的意义。

3. 信贷资产登记流转区块链平台

信贷资产登记流转区块链平台旨在融合信贷资产登记流转业务中基础资产穿透登记、存续期管理、信息披露等场景需求与区块链存证、溯源、多机构协同的技术特点，实现信贷资产全生命周期链上管理。平台采用自主可控的云象金融联盟区块链技术，建立以银登中心为核心节点，各银行、资产管理机构等联盟参与者的信贷资产联盟链，利用区块链在中央结算公司与银行、资产管理机构间构建实时、安全、稳定的数据通道，支撑多方协同操作（见图5-3）。

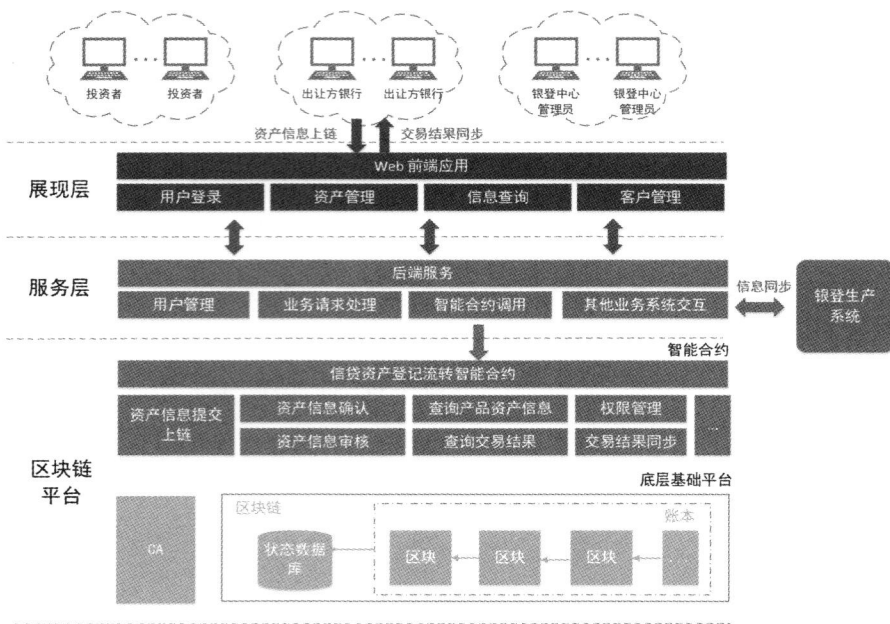

图 5-3 应用架构

2020 年 4 月，云象助力中央国债登记结算有限责任公司落地"信贷资产登记流转区块链项目"，双方以该项目为契机构建信贷资产登记流转区块链平台，进一步推动区块链技术在国家金融市场基础设施中的应用。

4. 兴业银行区块链防伪平台

2017 年 2 月，云象助力兴业银行推出区块链防伪平台。区块链防伪平台是兴业银行利用金融联盟区块链分布式高可用、公开透明、无法作弊、不可篡改、信息安全等技术特性，研发的一个高级别的通用存证、防伪平台。该平台具有适用面广、接入简单、防伪防篡改能力强等优点，能够有效记录电子合同关键信息，防范恶意篡改行为，构建企业间信任机制。平台提供通用的数据防伪存证、数据验证、历史记录查询、数据查验、文件查验等功能模块以及平台防伪服务相关API，目前已接入多家商业银行、企业、公证处和律师事务所，存证合同超数十万份（见图5-4）。

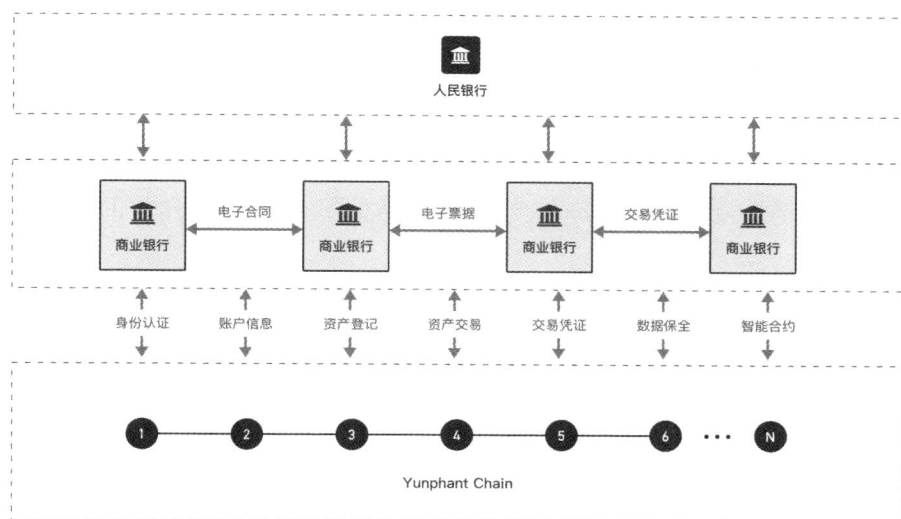

图 5-4 存证示意

兴业银行区块链防伪平台的定位是服务于兴业银行所有具有存证、防伪需求的各类业务系统，业务系统的关键数据可通过调用平台API实现存证和防伪功能，从而快速提升业务系统防伪安全级别。该平台是兴业银行首个应用区块链技术的试验项目，其不仅检验了兴业银行区块链技术的研究效果，同时本身也是研究成果的重要组成部分。

该项目作为区块链在商业银行体系内首个公开招标项目，打开了区块链技术在银行实际业务场景的应用之门，对区块链技术的发展与普及起到积极促进作用。随着区块链防伪平台的进一步完善，该平台将为更多的业务系统提供存证和防伪服务，为兴业银行在安全防伪领域创造更多经济效益。

5. 数字人民币核心业务平台

近年随着数字经济的发展和数字加密货币的兴起，世界各国中央银行都在积极探索法定货币的数字化形态，法定数字货币正从理论走向现实。中国人民银行针对中国的 CBDC 成立了数字货币研究所，制定了数字人民币顶层架构，并与运营机构一道在局部地区开展了试点工作。随着试点范围的扩大和深入，各家商业银行将有机会共同参与推动建立面向数字经济时代、普遍惠及大众、通用创新开放的货币服务体系（见图 5-5）。

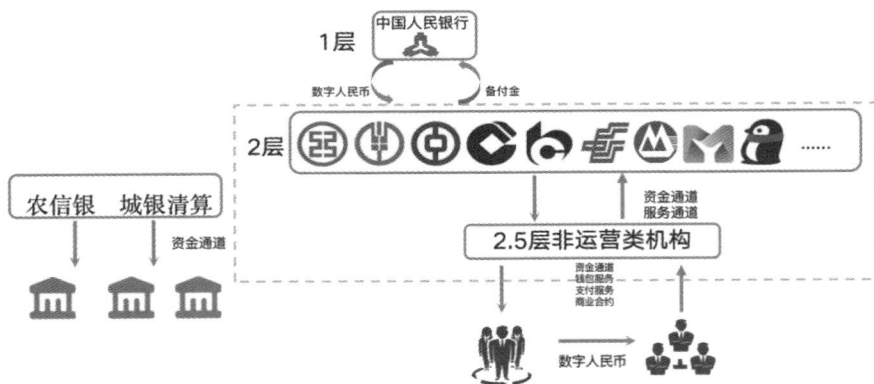

图 5-5　运营架构

数字人民币核心业务平台 YunDCEP 是面向商业银行的数字货币业务处理解决方案，使商业银行能在数研所的统一规划指导下，共同参与数字货币体系建设，为客户提供数字货币的兑换、收付款，以及未来数字货币可编程支付等场景化服务。

云象是国内最早从事法定数字货币关键技术研究的团队，YunDCEP

使商业银行快速融入数字人民币生态体系，构建数字人民币兑换流通服务能力、数字人民币可编程支付能力等新形态服务。

6. 大宗商品仓单登记区块链基础设施平台

该平台采用联盟链技术，实现对大宗商品期货信息和现货信息的数字化、标准化、链上化，支持期货交易所、仓储机构、海关、存管银行等参与方通过区块链平台进行业务操作，对信息流、资金流、物流做到统一管理。通过主体承责、各参与方互相验证的联盟链机制，以"可信"为核心，建立起以不可篡改信息为主要标志的大宗商品信息体系。通过区块链赋能，实现大宗商品交易全生命周期的可视化、可追溯管理。

7. 基于区块链的技术成果服务交易系统平台

针对在科技成果转化与交易服务领域，现有平台系统存在的数据不可信、信息不共享、系统不可靠、监管不实时、功能不智能等方面的问题，云象研发了基于区块链的技术成果服务交易系统平台，形成一套融合技术成果交易、技术成果监管溯源、技术成果创新服务等应用的系统框架。将科技成果交易平台、高校院所、企业、金融机构、政府相关部门、监管部门等作为节点接入区块链网络中组成联盟链，不同的机构对链上数据拥有不同的读取权限和操作权限（见图5-6）。

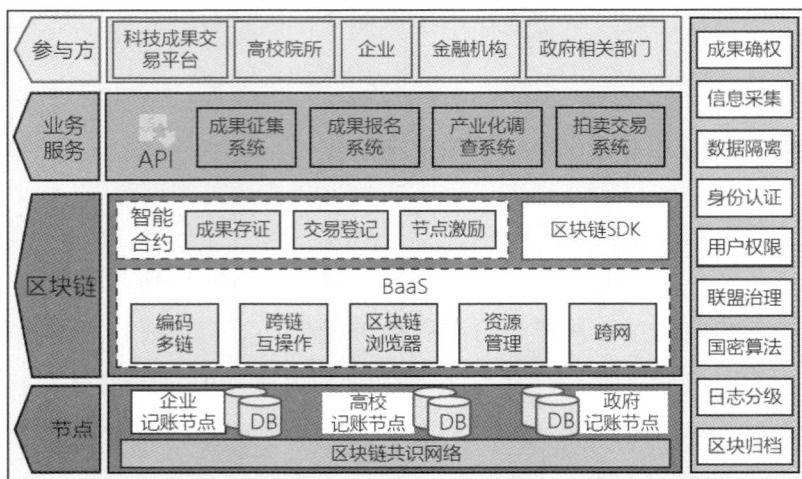

图 5–6　技术成果服务交易系统平台架构

该基于区块链的技术成果服务交易平台于 2019 年 10 月正式上线，执行期内累计上链超过 30 所高等院校与科研院所，涉及业务超过 3000 家企业。截至 2021 年 4 月份项目交付，项目平台推广对接 2 个以上技术成果服务系统，包括技术成果服务交易系统、技术成果金融服务系统、技术成果评议服务系统、技术成果创新服务系统等，平台技术成果交易金额累计 3.72 亿元。

（黄步添 杭州云象网络技术有限公司创始人、董事长）

高峰按 ---

近年来，作为新技术基础设施之一的区块链技术日益受到重视。区块链是新型的底层信息技术在互联网时代的创新生态应用模式，非中心化、开放性、自治性、可编程性是区块链的基本特征。区块链将在很大程度上重构社会信任体系，一方面是由于区块链上的数据不可篡改，另一方面是基于合约代码的信任，区块链信任模型是划时代的、重构社会运行机制和关系的技术。在国家产业政策和产业融合需求层面，产业区块链已经成为国内区块链产业发展的主要方向。无论是资产上链，抑或是助力数智金融先行省建设，区块链正在从数字货币领域加速与各行各业进行创新性融合，为各产业的新一轮发展赋予新动能。区块链和各种产业的深度有机融合，对于数字化趋势下中国未来的产业基础和产业优势有重要的集成作用。由此看来，区块链已成为支撑数字经济长远发展的重要"底座"之一。2020 年以来，区块链技术被纳入了"新基建"范畴，带动了相关产业的加速发展。"十四五"远景规划单设"加快数字化发展建设数字中国"篇章，其中"区块链"被列为数字经济重点产业。很显然，在产业政策层面大力推动区块链技术产业生态发展，已经成为我国各级政府的共识，产业区块链进一步加速发展的大趋势已经形成。作为中国最早从事区块链商业应用和法定数字货币关键技术研究团队的负责人，黄步添揭示了其中新的机遇与挑战，他认为，继续坚持区块链核心技术和数字人民币关键技术创新，不断挖掘数字经济价值，进一步扩充区块链技术的大规模应用落地示范经验，促进相关产业升级变革，将会带来产业区块链应用场景更广泛的落地。

CHAPTER 6

第六章

数字孪生：
数字化改革的未来场景

随着资本和人才的涌入，元宇宙的火热带来相关技术基础设施的进一步跨越式发展，这也是构建数字孪生世界产业的巨大机会。数字孪生世界，就是面向产业的元宇宙。

一、数字孪生：五维模型与六大数字技术融合创新

（一）何谓数字孪生？

百度百科中定义的数字孪生，是充分利用物理模型、传感器更新、运行历史等数据，集成多学科、多物理量、多尺度、多概率的仿真过程，在虚拟空间中完成映射，从而反映相对应的实体装备的全生命周期过程。[①] 数字孪生是一种超越现实的概念，可以被视为一个或多个重要的、彼此依赖的装备系统的数字映射系统。这个定义基本上道出了数字孪生的本质是基于物联网、传感器、模型、数据、映射、仿真多学科技术的集成应用，核心要解决的是装备的全生命周期的管理。

从这个定义也可以看出，数字孪生最初是基于设备全生命周期管理场景提出的，着眼点是设备的数字化。将这个概念进一步泛化，可以将物理世界的人、物、事件等所有要素数字化，在网络空间再造一

[①] 于勇，范胜廷，彭关伟，戴晟，赵罡.数字孪生模型在产品构型管理中应用探讨[J].航空制造技术,2017(7):41−45.

个一一对应的虚拟世界，物理世界和虚拟世界同生共存、虚实交融，万物皆可数字孪生。

数字孪生的概念示意如图 6-1 所示。

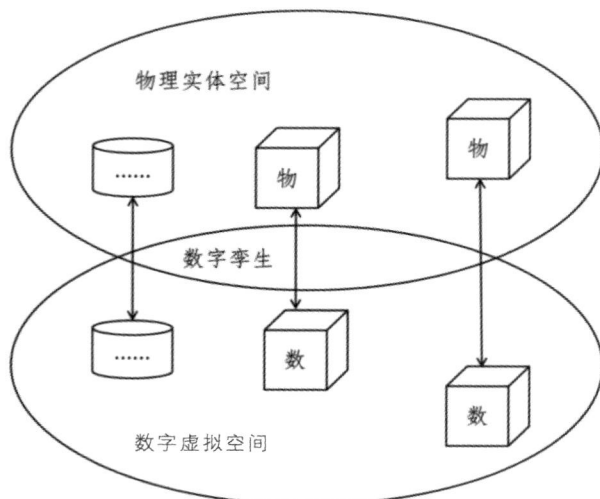

图 6-1 数字孪生概念示意

（二）数字孪生的五维模型

数字孪生的雏形源于 2003 年由 Grieves 教授在美国密歇根大学产品生命周期管理课程上提出的"与物理产品等价的虚拟数字化表达"的概念，但是直到 2011 年，Grieves 教授才在书中明确应用了数字孪生体一词。数字孪生技术早期主要被应用在军工及航空航天领域，如美国空军研究实验室、美国国家航空航天局 (NASA) 基于数字孪生开展了飞行器健康管控应用，美国洛克希德·马丁公司将数字孪生引入到 F-35 战斗机生产过程中，用于改进工艺流程，提高生产效率与质量。

由于数字孪生具备虚实融合与实时交互、迭代运行与优化，以及

全要素 / 全流程 / 全业务数据驱动等特点，目前已被应用到产品生命周期各个阶段，包括产品设计、制造、服务与运维等。

　　数字孪生落地应用的首要任务是创建应用对象的数字孪生模型。Grieves 教授最初定义了数字孪生三维模型，即物理实体、虚拟实体及二者间的连接。为适应世界新趋势和新需求，解决数字孪生应用过程中遇到的难题，让数字孪生能够在更多领域落地应用，北京航空航天大学数字孪生技术研究所在数字孪生三维模型的基础上，增加了孪生数据和服务两个新维度[①]，使数据孪生可以进一步在更多领域落地应用：

$$MDT = (PE, VE, Ss, DD, CN)$$

　　其中：PE 表示物理实体，VE 表示虚拟实体，Ss 表示服务，DD 表示孪生数据，CN 表示各组成部分间的连接。

　　根据上式，数字孪生五维模型结构如图 6-2 所示。

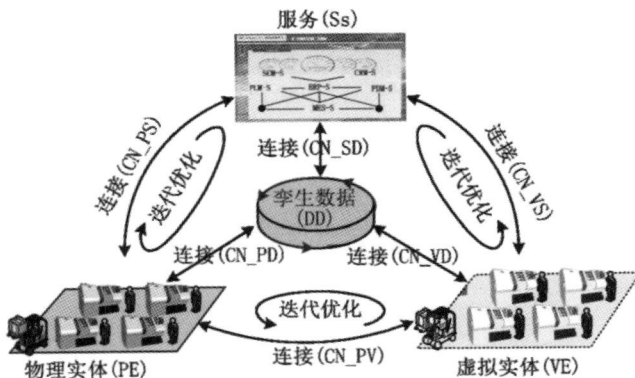

图 6-2　数字孪生五维模型

① 　陶飞, 等. 数字孪生五维模型及十大领域应用 [J]. 计算机集成制造系统，2019，25(1):1-18.

1. 物理实体（PE）

物理实体是数字孪生五维模型的基础，主要包括具备不同功能的各个子系统，这些子系统共同支持设备的运行以及传感器采集设备和环境数据。对物理实体的准确分析与有效维护是建立数字孪生模型的前提。

2. 虚拟实体（VE）

虚拟实体模型包括几何模型、物理模型、行为模型和规则模型，从多时间尺度、多空间尺度对物理实体进行描述和刻画，形成对物理实体的完整映射。可使用 VR 与 AR 技术实现虚拟实体与物理实体虚实叠加及融合显示，增强虚拟实体的沉浸性、真实性及交互性。

3. 服务（Ss）

服务对数字孪生应用过程中面向不同领域、不同层次用户、不同业务所需的各类数据、模型、算法、仿真、结果等进行服务化封装，并以应用软件或移动端 APP 的形式提供给用户，实现对服务的便捷与按需使用。

4. 孪生数据（DD）

孪生数据是数字孪生的驱动，集成融合了信息数据与物理数据，满足信息空间与物理空间的一致性与同步性需求，能提供更加准确、全面的全要素 / 全流程 / 全业务数据支持。

5. 连接（CN）

连接模型既包括使物理实体、虚拟实体、服务在运行中保持交互、一致与同步的连接，也包括使物理实体、虚拟实体、服务产生的数据实时存入孪生数据的连接，并且连接还使孪生数据能够驱动三者运行。

（三）数字孪生的六大数字技术

数字孪生五维模型是一个逻辑架构，其实现需要依赖诸多基础数字技术的融合创新，主要包括六个方面。

1. 物联网

物联网是通过智能传感器、射频识别设备（RFID)、卫星定位系统等信息传感设备，按照约定的协议，把各种设备连接到互联网进行数据通信和交换，以实现对设备的智能化识别、定位、跟踪、监控和管理的一种网络；同时也是将物理世界进行数字化连接，实现实时感知控制能力的"最后一公里"式的基础设施。

2.5G

5G，全称是第五代移动通信技术，是具有高速率、低时延和大连接特点的新一代宽带移动通信技术，是实现人机物互联的网络基础设施。国际电信联盟（ITU）定义了5G的三大类应用场景，即增强移动宽带（eMBB）、超高可靠低时延通信(uRLLC)和海量机器类通信(mMTC)。

5G为物联网和数字孪生提供了海量设备的高带宽低延时双向通信能力，有了这个通信能力，才能真正实现万物互联和实时感知控制。

3. 云计算

云计算的快速发展，为各行各业提供了分布式可扩展的存储和计算能力，有效整合了各类设计、生产和市场资源，促进了产业上下游的高效对接和协同创新，大幅度降低了建设投入成本和数字化技术门槛，使得技术资源配置方式发生了重大变革。云计算可以说是数字化改革最重要的底层基础设施。它的成熟发展，实现了开箱即用、按需供给的计算能力，催生了越来越多的数据融合跨场景应用的创新发展。

4. 大数据

大数据是在互联网快速发展的环境下诞生的，具有体量大、异构多源、时效性强的特征。

大数据技术的不断成熟，使得全域融合打通各种各样的"数据孤岛"成为可能。将全域海量的异构多源数据集中存储、统一治理并对外提供共享服务，是互联网行业中实践出来的数据中台架构的本质能力，也是一体化智能化公共数据平台在政府数字化改革中的中枢价值体现。

5. 人工智能

人工智能已经从早期的模仿人类、单一的单机智能转变为数据驱动、基于网络协同的系统。基于云计算和大数据基础设施之上，人工智能将成为未来智能时代最重要的数字生产力。

技术方面，人工智能为数字孪生体运行过程中提供了诊断、预测、决策等核心支撑，构成了数字孪生城市信息中枢的智能引擎。

价值方面，人工智能的价值更多体现在多跨场景应用中，最终为用户带来便捷和体验升级。

6. 建模仿真

仿真是理论和实验之外认识世界的第三种手段，可以不受时空的限制，观察和研究已经发生或者尚未发生的现象，极大地拓展了人类认识和改造世界的能力。对于一些负载系统或者特殊领域而言，建模仿真技术可以发挥独特的作用，有时候甚至是唯一的手段。数字孪生技术也可以说是一种在线数字建模仿真技术。

二、产业元宇宙：数字孪生的三重世界

（一）元宇宙概念的提出与发展

1. 元宇宙概念的提出

元宇宙，英文表述是 Metaverse，其中，"Meta"表示"元"和"超越"，"verse"表示宇宙（universe），这个词诞生于 30 年前尼尔·斯蒂芬森（Neal Stephenson）的科幻小说 *Snow Crash*。元宇宙可以粗略地理解为一个平行于现实世界的虚拟世界，现实中人们可以做到的事，都可以在元宇宙中实现。

2. 元宇宙概念的发展

2021 年 8 月，显卡巨头英伟达（Nvidia）的一部纪录片曝出，显示的是 4 月份的公司发布会上，其 CEO 黄仁勋的演讲片段，其中有 14 秒融入了数字人替身，虚拟世界中的数字黄仁勋在长达四个月的时间里，"骗"过了所有人，这一纪录片再度点燃了"元宇宙"的概念。

但 2022 年元宇宙概念的火爆，还是要从游戏公司 Roblox 说起。Roblox 是一家大型多人在线游戏创作平台公司，以创造迷你游戏为核心，为玩家提供 3D 数字世界客户端，为开发者提供 Roblox Studio 工具和云服务。用户可以通过购买或者创作游戏等方式获得游戏币，将

现实社会中的人际关系映射到虚拟世界中，从而搭建起连接内容生产者和消费者的经济系统。为此，Roblox CEO Dave Baszucki 还定义了元宇宙的八大核心要素：身份（Identity）、朋友（Friends）、沉浸感（Immersive）、低延迟（Low Friction）、多元化（Variety）、随地登录（Anywhere）、经济系统（Economy）和文明（Civility）。在理想的元宇宙中用户拥有虚拟身份，虚拟身份与现实身份可以相关也可以毫无关系；用户在元宇宙中拥有朋友，可以进行跨越空间的社交；在元宇宙中用户可以体验现实生活中的一切活动，并且不会存在强烈的延迟和不同步；用户可以随时随地进入元宇宙体验其中的丰富内容。因此，从某种程度上来说，元宇宙会拥有自己的经济系统，其最终会发展成一种虚拟的文明。

从游戏行业的角度来看元宇宙，简单来说就是将物理世界中的社会关系和经济系统映射到数字孪生世界，并且在数字孪生世界中能够独立发展运行，衍生出一个不同于物理世界的全新虚拟世界。这么一看，社交网络、三维游戏，再结合 AR/VR 设备带来的沉浸式交互体验，就天然具备了元宇宙的八大要素。扎克伯格宣称"在未来五年内，将 Facebook 从社交媒体网络转变为一个元宇宙公司"后没过多久，甚至将公司名字改成了 Meta。

不仅仅是 Nvidia、Roblox 和 Meta（Facebook），越来越多公司开始和元宇宙概念建立起联系。但大家对于元宇宙这一概念目前并没有达成统一的认知和理解（见表 6-1）。

表6-1　关于元宇宙的观点集锦

Roblox CEO Baszucki	元宇宙有八大特征，分别是：身份、朋友、沉浸感、低延迟、多元化、随地登录、经济系统和文明。元宇宙是一个将所有人相互关联起来的3D虚拟世界，人们在元宇宙拥有自己的数字身份，可以在这个世界里尽情互动，并创造任何他们想要的东西，Roblox只是创造元宇宙的用户的"牧羊人"，我们不制作也不控制任何内容。
著名分析师 Matthew Ball	元宇宙应该具有以下六个特征：永续性、实时性、无准入限制、经济功能、可连接性、可创造性。元宇宙不同于"虚拟空间""虚拟经济"，或仅仅是一种游戏抑或是UGC平台。在元宇宙里将有一个始终在线的实时世界，有无限量的人们可以同时参与其中，它将有完整的经济运行方式，跨越实体和数字世界。
Epic Game CEO Tim Sweeney	这将是一种前所未有的大规模参与式媒介，带有公平的经济系统，所有创作者都可以参与、赚钱并获得奖励。
腾讯CEO 马化腾	虚拟世界和真实世界的大门已经打开，无论是从虚到实，还是由实入虚，都在致力于帮助用户实现更真实的体验。

资料来源：公开资料、国盛证券研究所

（二）元宇宙与数字孪生相辅相成

尽管关于元宇宙的定义尚未明晰，但有一种观点认为，元宇宙是下一代互联网。如果从这个角度来解读元宇宙，那么和互联网一样，元宇宙也可以从消费和产业两个视角来看。

从消费体验的角度看，当前火爆的元宇宙概念的最佳体验场还是以游戏和社交场景为主。元宇宙是一个承载虚拟活动的平台，一方面用户能进行社交、娱乐、创作、展示、教育、交易等社会性、精神性活动；另一方面，元宇宙可以为用户提供丰富的消费内容、公平的创作平台、可靠的经济系统、沉浸式的交互体验，能够寄托人的情感，让用户有心理上的归属感。用户可以在元宇宙体验不同的内容，结交数字世界的好友，创造自己的作品，进行交易、教育、开会等社会活动。

从产业发展的角度看，元宇宙的实现需要云计算、大数据、人工智能、物联网、5G、VR/AR等多种技术和基础设施的成熟和集成，即数字孪生技术的支撑。就像腾讯研究院指出的，要构建足够逼真的元宇宙，基础是数字孪生技术。面向产业化的元宇宙，大致需要经历数字孪生的三重世界，即数字孪生世界、数字原生世界与数字增强世界。元宇宙的发展目标也不仅仅是提供一个不同于物理世界的虚拟文明体验感。随着资本和人才的涌入，元宇宙的火热会带来相关技术基础设施的进一步跨越式发展，这也是构建数字孪生世界产业化的巨大机会。

（三）数字孪生的三重世界

数字孪生包含层层递进的三重世界，从需要依靠现实物理世界的数据映射才能成型的数字孪生世界，逐渐发展成为独立于物理世界的、拥有独立经济系统和虚拟文明的数字原生世界，最终成为可以反哺现实物理世界的数字增强世界。

1. 数字孪生世界

第一重，通过在虚拟数字世界建立用户的数字孪生体，借助传感器，将真实世界的动态和感受数据映射到虚拟数字世界中，建立起和真实世界完整映射的数字孪生世界。

在数字孪生世界，物理世界的任何事物都能做到信息可查、轨迹可循。从人、物、设备、设施到建筑、城市等，万物都以数字孪生体的形态在数字虚拟空间一一呈现。在数字虚拟空间，利用数字世界的可重复性、可逆性、全量数据可采集、重建成本低、实验后果可控等特性，通过数据建模、事态拟合，进行某些特定时间的评估、计算、推演，为设计规划方案和管理运营方案提供反馈参考，可以为现实物理城市的规划、建设、运营、应急等方案提供细化的、量化的、变化的、直观化的分析与评估结论。

数字孪生世界，也可以说是元宇宙在"真实世界虚拟化"阶段（见图 6-3）。

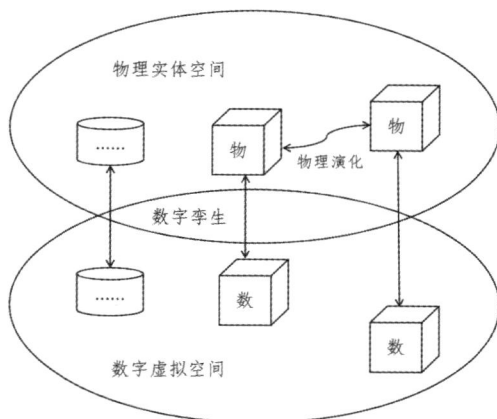

图 6-3　数字孪生世界概念示意

2. 数字原生世界

第二重，在虚拟数字世界里原生出和真实物理世界没有对应关系的事物和活动，使得和真实世界映射的数字孪生体能够独立生长，可以自由回溯，构建出真正的数字原生世界。

数字虚拟空间将逐渐成为人类生活和工作的重要组成部分。今天我们对世界的认知和生活的方式都将被更新或颠覆，例如虚拟化身让生命多了一种新的存在方式，数字化永生成为可能；虚拟社交打破空间局限，促进人与人之间更深入的连接；虚拟购物带来沉浸式的场景体验，买、卖更加高效、便捷且有趣；虚拟教育还原教育的本质，全面激活感知力与创造力；虚拟会议抹去办公室的边界，工作随时随地且高效协同；虚拟医疗让优质的医疗资源最大程度共享成为可能，治疗事半功倍；虚拟社会让社会分工及协作更加清晰，全面提升生活幸福感，等等。

数字原生世界将带来更多与真实物理世界不一样的可能性。数字原生世界，可以说才是真正的元宇宙，是"虚拟世界本体化"的阶段（见图6-4）。

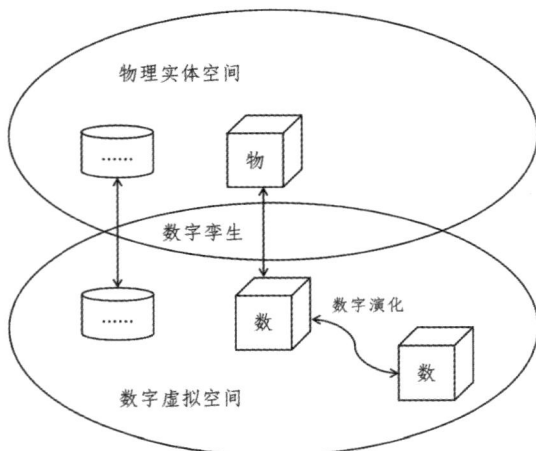

图 6-4　数字原生世界概念示意

3. 数字增强世界

第三重，在物理世界中再次建立起和数字世界中特有的数字孪生体的虚实映射，借助创新的交互和控制方式，从数字原生世界反向对真实物理世界进行增强和优化，实现数字增强世界。

数字世界本质上是为了服务物理世界而存在，物理世界也会因为数字世界而变得更有序美好。实现数字增强世界是这个本质的必然追求，也是数字化的理想状态。

数字增强世界，是元宇宙进化到"虚拟世界真实化"的阶段（见图6-5）。

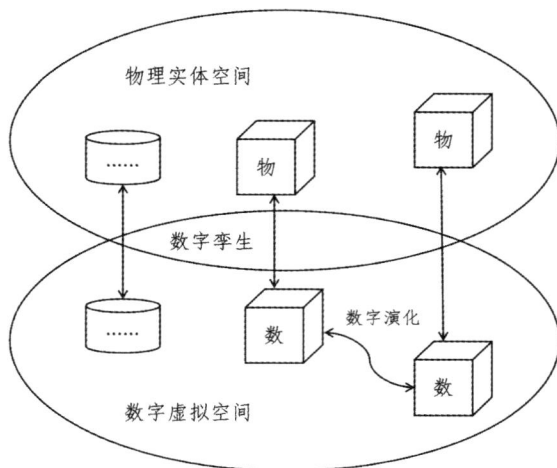

图 6-5　数字增强世界概念示意

三、数字孪生城市，整体智治的典型案例

数字孪生世界很大，不是短时间之内能一步到位的，也不是任何一家公司能独立完成整体构建的。技术的愿景激动人心，但技术的实现还是需要脚踏实地。最初的数字孪生技术，主要是基于单个设备构建全生命周期的数字孪生体，目前技术上已经相对比较成熟，下一步需要在更大规模上实现更复杂的多跨场景应用。

城市是一个开放庞大的复杂系统，具有人口密度大、基础设施密集、子系统耦合等特点。如何实现对城市各类数据的实时监控，围绕城市的顶层设计、规划、建设、运营、安全、民生等多方面对城市进行高效管理，是现代城市建设的核心。数字孪生城市是数字孪生技术在城市规模上的应用，集成了新型测绘技术、地理信息技术、物联感知技术、数据智能技术、3D建模技术、可视化交互技术等综合技术支撑体系。该体系通过在数字空间构建物理城市的数字孪生城市，对物理城市进行全要素数字化、全状态实时化、全场景可视化，最终实现运营管理协同化和决策干预智能化。

2018年《河北雄安新区规划纲要》中指出：坚持数字城市与物理城市同步规划、同步建设，打造具有深度学习能力、全球领先的数字城市。通过创新城市"规划、建设、管理"的新型标准体系、政策体系和流程体系，探索以数字城市的预建、预判、预防来支撑现实城市高质量发展的模式，打造展现多维城市空间的数字平台，建立不同阶段的城市空间信息模型，结合5G、物联网、大数据、人工智能等新型基础设施的建设，逐步建成与实体城市完全镜像的数字孪生虚拟世界。可以说，雄安新区在全球范围内率先推进了数字孪生城市建设。

（一）数字孪生城市的应用构架

1. 数字孪生下的城市治理新范式

数字城市与物理城市虚实交互，并行运转，可以在多个方面探索跨区域、跨部门、跨行业高效协同全景式集中化的城市治理新范式。

一是科学规划（Plan)。基于数字孪生城市模型，汇聚多源城市规划相关数据，构建规划算法模型，实现全局最优化。在规划时，利用城市的一草一木、一砖一瓦等部件要素的数字孪生体实现"积木式"自由组装，在数字世界模拟规划方案效果，极大地提升规划效率，实现绿色高效规划模式。

二是可视管理（Present）。提供城市运营治理一张图的全景视角，360度多维度观测、全量数据分析深度透视，立体感知洞察城市运行规律，实现城市一张图可视管理。

三是辅助决策（Predict）。基于全域数据和智能算法，对城市发展各种场景各种维度的态势提前做出预测，用数据智能帮助管理人员做出科学决策。

四是干预演练（Preact）。利用数字世界的可重复性、可逆性、可控性等特性，在数字城市中可以通过数据建模和事态拟合，对特定事件如突发事件应急提前做出干预演练，为物理世界的执行方案提供细化的、量化的、变化的、可视化的分析和评估。

2. 数字孪生城市的技术体系

数字孪生城市的实现依赖于诸多先进技术的发展和应用，其技术体系整体上可以分为五层（见图6-6）。

（1）地理信息要素层

地理数据包括空间数据（与空间要素几何特性有关）和属性数据（提供空间要素的信息），为数字化模型的表达提供空间分析支撑。

地理信息数据层，主要包括地理方面的地形层、道路层、植被层、水域层等，与地理数据一起形成全空间一体化且相互关联的城市地理信息数据底板。

（2）实时感知控制层

实时感知控制层，主要包括智能传感器数据采集、高速数据传送和全生命周期数据管理等。智能感知数据反映了设备即时运行动态情况。

数据是整个数字孪生技术体系的基础。先进传感器技术及分布式传感器技术使整个数字孪生技术体系能够获得更加准确、充分的实时数据源支撑。同时，植入到物理世界中的诸多传感器也是实现实时反向控制的关键点。

5G技术的发展，使得高性能传感器可以获得高速低延时的双向数据传输能力，提高了数字孪生系统的实时跟随性能。

（3）数据智能层

数据智能层，是基于一体化智能化的数据平台和云计算基础设施，对跨行业、跨领域，全要素、全流程、全业务的全域多元实时数据进行融合计算，充分利用机器学习和人工智能领域的技术方法实现数据的深度特征提取和建模，挖掘和学习其中蕴含的相关关系、逻辑关系和主要特征，实现对物理世界的仿真、预测和智能干预能力。

（4）全真模型层

全真模型层是城市物理实体的全要素数字化表达，实现由粗到细、从宏观到微观、从室外到室内不同粒度、不同精度的孪生数字化还原，是多维度多时空多尺度模型，具有高保真、高可靠、高精度的特征，实现数字空间与物理空间一一映射。数字孪生全真模型是城市统一的"展示窗口"和"决策中心"。

（5）可视化交互层

可视化交互层，主要是为使用者提供良好的人机交互使用环境，让使用者能够获得身临其境的技术体验，从而迅速了解和掌握复杂系统的特性和功能。结合数据智能和数字孪生城市全真模型，集中可视化呈现全域智能终端信息、城市运行实时状态和数据智能预测结果，并且可以通过交互式操控系统远程控制城市各个场景的运行状态。

可视化交互层				
数字驾驶舱	孪生驾驶舱	AR/VR	语音AI交互	可视化搭建平台

全真模型层				
倾斜摄影建模	程序化建模	三维孪生建模	云渲染	孪生模型仿真平台

数据智能层				
地理信息数据	传感器设备数据	政务系统数据	社会系统数据	智能数据平台

地理信息要素层			实时感知控制层		
地图	测绘	地理信息平台	传感器设备	5G网络	物联集控平台

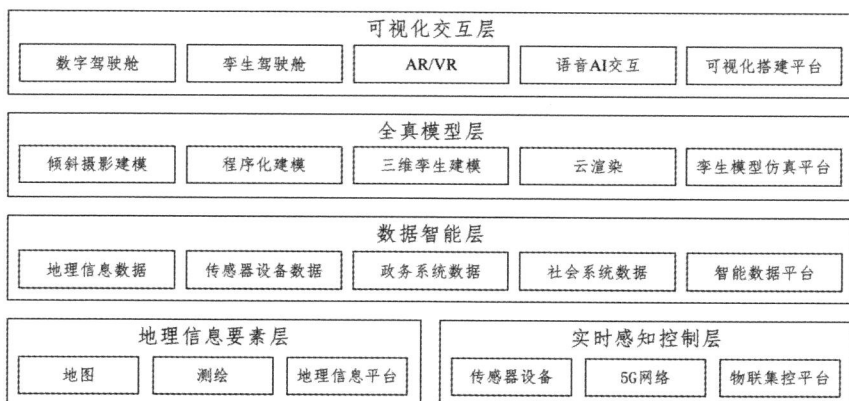

图 6-6　数字孪生城市五层技术体系

（二）数字孪生城市的应用场景

数字孪生城市对于促进城市数智治理模式升级、提高人民美好生活服务水平、创造安全优良的社会环境具有深远的历史意义。数字孪生城市作为新型智慧城市，站在城市大脑的肩膀上，借助数字化改革的力量，将成为未来城市"多跨场景"的重要应用。

1. 城市交通枢纽场景应用

（1）场景搭建

数字孪生综合交通枢纽是数字孪生城市中的一个典型的多跨应用场景。

某高铁枢纽站于 2013 年 7 月 1 日正式投用，总建筑面积 122 万平方米，东西跨度 820 米，站场规模 18 站台 34 线（含预留磁悬浮 3 台 4 线），是集高铁、地铁、公交、长运、出租车等 10 种交通换乘方式于一体的重要交通门户，是我国最重要的现代化综合交通枢纽之一，年均客流达 1.37 亿。

该高铁枢纽站建设的数字孪生综合交通枢纽场景，涉及跨领域、跨地区、跨部门、跨层级、跨业务、跨隶属关系的管理协作单位超过50家，在"最多跑一次"改革中已经建设了全站数字化出行、智慧停车、智慧治堵、智能化卫生间、临时身份证明自助办理、智慧消杀码等16个智慧场景应用，并进一步归纳出四大场景、八个数字链接和八项重塑性制度。

（2）重点成效

数字孪生综合交通枢纽可以说是一个"麻雀虽小，五脏俱全"的小型数字孪生城市，一方面需要超过50家单位建设多跨协同机制，推进各管理主体系统化协同管理，化繁为简，面临大客流等突发事件及时响应；一方面通过构建运力测算、压力评估预测等模型，可以推动"模糊调度"向"精准调度"的升级，真正实现旅客群众畅快出行。通过打造数字孪生综合交通枢纽，可以为更大规模的数字孪生城市建设提供样板和经验积累。

（3）核心场景

1）出行安全。针对突发大客流滞留应对难问题，围绕"畅行就是最大的安全"目标，通过通行大数据的碰撞，有效调节各运力单位间的协同性，将过亿人的换乘压力控制在合理区间，将有限的资源用到极致，让每个人都能有序畅行。

精准预测预判客流是保障出行安全的重要前提。根据多年积累的管理运行数据，结合历史客流数据和当年客流到发趋势数据，预测目标日客流数，并通过热力分布标注，直观展示实时客流情况（见图6-7）。

进站保障上，主要围绕周边交通疏导、客流管理和重要换乘点位，抓住候车大厅实有人数这个关键数据，形成旅客出行安全保障四个管理等级和四个应急等级，联动车站、区、市三级应急体系，按照预案采取从引导分流到紧急安置等应对措施。

同时，针对旅客出站，出租车、长运、地铁形成四级预案，精准调度、无缝衔接 10 种交通方式，保障旅客快速有序疏散。

图 6-7　某交通枢纽数字孪生出行安全场景

2）气象防灾。针对极端天气感知难、抢险难的问题，通过将城市气象与站体感知数据结合起来，设置精准的阈值，把难以把控的气象状态等级化，实现"闻数而动"，做到准备快一步、介入快一步、抢险快一步，为防灾抗灾赢得先机（见图 6-8）。

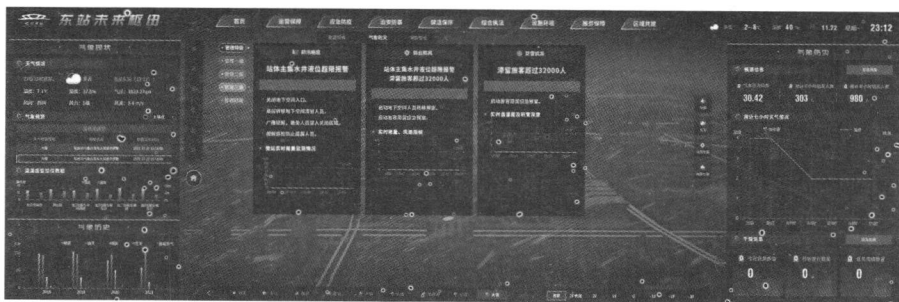

图 6-8　某交通枢纽数字孪生气象防灾场景

3）智慧防疫。针对人流密集疫情防控难问题，通过数字技术、手段、方法，有效联动十几个区县市、协同十几家防疫单位，实现全程留痕、精密智控，工作人员减负提效，旅客群众方便安心。如针对重点人员管理的复杂事，通过专属的二维码，集成身份信息、测温信息等，边流转边记录，实现时间、地点、人物、事件、执行动作全程留痕，一次扫码、可溯源可共享，在大客流防疫的特殊场景下，让防疫滴水不漏。

4）消防安全。针对消防设施监管难、应急救援难等问题，通过打通10000多个温感、3000多个烟感，标记30000多个消防设施、100多个安全出口，并在孪生系统中实景化呈现，实现高人流量交通枢纽的快速响应、精准指挥。

作为人流密集的复杂场所，在"防早防小"的同时，基于数字化平台，建立疏散、引导、救援三同步机制，复杂情况也能一体协同，实现安全无盲区、守护全覆盖。同时，在重点消防点位"一点一方案"的基础上，针对车库电动车火灾等新型风险隐患，建立"一事一方案"，提高救援的精准性、有效性。

5）治安防控。针对治安管控覆盖难等问题，通过大规模使用AI算法，将传统的摄像头变成智能感知的前端设备，不换设备加算法，挖掘了设备潜能，提高了防控效能。通过动态布局，平时分布在各重要关口的感知设备，一旦遇到突发事件，可集中在一处，聚点成片，瞬时提升感知力，同步触发响应等级，与治安防暴四级管理标准体系联动配合，从治安管控巡查到防暴处突，精准应对和处置重点人员、群体性事件或个人极端事件，乃至暴力事件等，大大提升了防范处突能力。

2. 防汛预警应急场景应用

（1）场景搭建

受特殊地形地貌影响，某城市极易产生小流域山洪等灾害，造成的经济损失难以控制，防汛形势严峻。通过构建数字孪生防汛大脑，以现有的汛情监测数据为核心依托，融合气象、互联网等多方数据，实现对该市 1997 个水利工程的综合监控，通过打通该市已建成的多套防汛、预警、运管平台，与气象、水文、国土、民政等部门数据资源深度融合，分析研判汛情风险，预测灾害发展趋势，进一步提高防汛指挥决策水平。

在暴雨洪涝、日常场景下，利用 GIS 相关数字孪生可视化技术，融合气象网格精细化预报成果，实现实时降水与降雨预报的有效融合，实现以降雨为核心的多源数据关联分析。台风场景下结合最新台风动态，利用实时与预测路径，使有关部门和社会公众及时获取预警信息，采取相应措施，从而最大限度地保障人民群众生命财产安全。实现该地汛情监测、预警，智能分析、预测汛情发展，为未来防汛指挥调度提供决策支持。

（2）重点成效

利用数字孪生防汛指挥作战大屏，一是可以科学直观反映出汛情及其影响区域的关联信息，实现对未来水位的预测预警，做出汛情研判评估。二是能够针对性进行暴雨网格化精准预报及转移人口热力图分析。三是可以实时预测台风路径，以便获取预警信息，采取相应措施，从而最大限度地保障人民群众生命财产安全。

3. 城市文化旅游场景应用

（1）良渚文化遗址的数字化管理

2019 年 7 月 6 日，中国良渚古城遗址获准列入世界遗产名录，成为我国第 55 处世界遗产。此次申遗成功，标志着中华五千年文明史得到国际社会认可。因遗址公园的特殊性，除了为游客提供便捷化服务体验外，遗址保护和管理也是公园的工作重点，景区内的各项智慧基础设施建设很好地结合了良渚古城遗址公园的需求点，通过基础设施云化、核心业务在线化、数字孪生应用智能化三步，加快了景区数字化建设进程。

通过整合景区数据资产，以数字驱动业务创新和管理改革，帮助工作人员完成足不出户即可掌控景区动态，并实现"一只手机管良渚"和"一只手机游良渚"，大幅提升了景区运营管理效率及访客参观体验度。

（2）良渚文化遗址的数字化体验

保护历史文化遗产，既要"守得住"，也要"活起来"。良渚古城遗址公园是在对古城遗址保护开发的前提下，实现部分区域对外开放体验和感悟"中华五千多年文明"的重要载体，是集考古遗址本体及其环境的保护展示、教育科研、游览休闲、文化宣传等多个特色于一体的遗址型园区。

良渚古城遗址创新保护展示模式，全媒体、全景式构建"良渚大IP"，用现代的科技、新潮的创意阐释古老的文明。畅游在良渚古城遗址，不仅可以实地体验全球首款集语音导览和视频画面导览于一体的 AR 智慧导览系统，也能线上体验"云展览""慢直播"，立体、真实地了解良渚古城遗址的独特风貌（见图 6-9）。

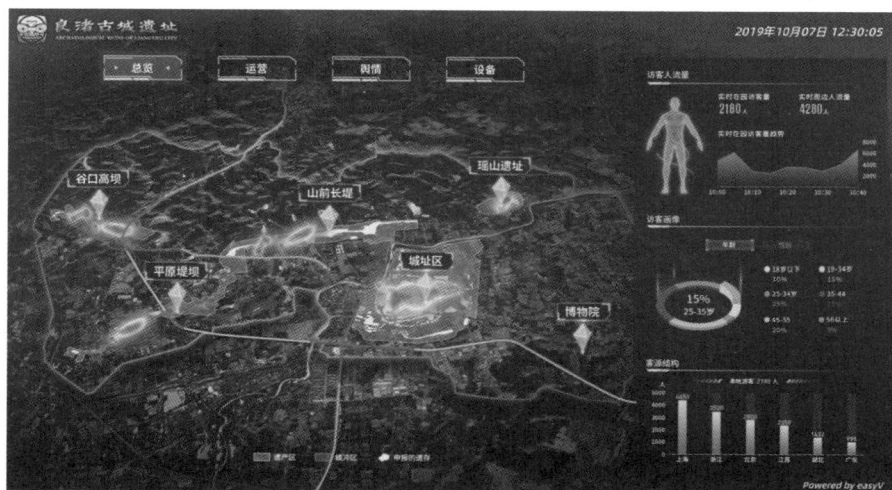

图 6-9　良渚古城遗址数字孪生应用场景

（宁海元 杭州易知微科技有限公司联合创始人、CEO）

高峰按

　　元宇宙的火爆，为数字孪生的发展带来了更多的想象空间。"数字孪生世界""数字原生世界""数字增强世界"，相对应元宇宙的"真实世界虚拟化""虚拟世界本体化""虚拟世界真实化"。数字孪生作为物理世界和虚拟世界双向映射、实时交互的关键途径，可以将物理世界的人、物、事件等所有要素数字化，在网络空间再造一个——对应的虚拟世界，为观察物理世界、理解物理世界、改造物理世界提供了一种有效手段。万物皆可数字孪生，结合大数据、云计算、人工智能、边缘计算、IoT 等技术的融合发展，数字孪生的应用空间正在不断扩展。宁海元认为数字孪生是面向产业的元宇宙，是数字化改革的未来场景。的确，数字孪生城市对于促进城市数智治理模式升级、提高人民美好生活服务水平、创造安全优良的社会环境具有深远的历史意义。数字孪生城市作为新型智慧城市，站在城市大脑的肩膀上，借助数字化改革的力量，将成为未来城市"多跨场景"的重要应用。宁海元相信，数字孪生将会赋能更多的城市治理、民生服务、未来工厂等应用场景，让世界一起看见数字化的无限可能！

CHAPTER 7

第七章

数字化思维：
以用户为中心

数字化改革的意义不仅仅体现在具体的场景应用上，更体现在推动生产方式、生活方式、治理方式改变上。这意味着大量新兴的科技在各个环节被广泛使用，从而提高生产效率，改善生活水平，提升治理水准；人们的生理需求在得到满足的同时，心理需求也需得到满足，数字化改革中设计的产品必将涉及人在产品的操作过程中的舒适性、方便性与乐趣性等，涉及使用过程中人的自由、尊严、创造性发挥、个性满足等重要问题。

数字化改革之前，企业是否了解用户的真实需求？如何架构数字化系统和平台来满足用户的真实需求？系统布设完成后，用户使用是否满意？对于用户来讲，不管数字化系统多么复杂，技术如何先进，易用、好用、效率高，用户满意才是最重要的。数字化服务过程需要以用户为中心，以用户体验满意为目标和准绳，建立相关设计与评价标准，打造以用户为中心的服务创新体系。通过优化用户体验提升浙江数字化转型"1+5+2"模式的服务效率，增强用户对政府服务能力的认可，并增强其体验感和幸福感。

一、用户中心思维成为数字化改革的创新前提

（一）用户中心思维的基本解读

在高新技术日益发展的今天，人们发现技术是如此的有诱惑力，以至于从事技术研究的人忘记了技术的目的是服务于人的兴趣和需求的。事实上，尽管受到时间、空间和经济等方面的限制，大部分技术问题相对定位需求而言，更容易被解决；而想要迎合人们的需求通常是

比较困难的，不管是通过技术手段，还是其他途径。用户体验不是源于计算机技术，而是源于用户行为与感觉，当然其中也包括了计算机技术的内容。这就对产品研发初期提出要求，需要重视用户研究，弄明白用户真正的需求是什么。

以用户为中心的设计（User-Centered Design, UCD）是一种设计产品、系统或服务的理念。其核心是在产品开发的每个阶段将用户纳入思考范围。UCD 以用户使用产品或服务能做什么、想做什么、需要做什么的思考方式来优化产品和服务，而不是强迫用户改变使用习惯来适应产品。

UCD 起源于工业设计和人机工程学领域，1955 年，美国工业设计师亨利·德雷夫斯（Henry Dreyfuss），在 *Design for People*（人本化设计）中首次对 UCD 进行了描述；在 1986 年，随着唐纳德·诺曼（Donald A. Norman）出版 User Centered System Design: New Perspectives on Human-Computer Interaction（以用户为中心的系统设计：人机交互的新视角），UCD 概念广为流行。在 UCD 发展的早期阶段，其曾被用来评估现代成本核算和产业化对用户的影响；随着时间的推移，UCD 不断发展，其中的设计思维也逐渐发生改变。用户从解决问题的辅助者逐渐成为生产过程中驱动创新和战略决策的关键合作者，在整个过程中，用户共同研发的设计思维得到凸显。

针对 UCD，IBM 提出了以下设计原则。

（1）设立目标。决定目标市场、目标用户以及主要的竞争力。

（2）了解用户。了解用户并将其纳入其中对项目的开发至关重要。为了让用户了解正在开发的产品，用户参与产品的开发过程，和设计师一起齐心协力推进项目开发。

（3）评价竞争性。优秀的设计需要清楚产品的竞争优势以及其针对的用户。除了需要理解用户的目的，设计师还要了解市场上的竞品，突出自己的产品设计方案的优点。

（4）设计全过程的用户体验。用户看到的一切，接触到的一切，都要通过多维度智能综合团队来设计，包括产品的销售方式、预订、运输、购买、包装、维护、安装、管理、归档等。

（5）设计评估。在产品开发的早期和实施过程中，往往会得到用户的反馈，从而可以推进产品的设计和开发。

（6）通过持续的用户观察进行管理。在产品的整个生命周期中不断地观察和倾听用户，将收到的反馈意见传达给有关部门，以便进行有针对性的变革，提高效率和竞争力。

针对数字化改革浪潮，现代有许多交互服务平台，例如"一体化智能公共数据平台"涵盖范围广，服务需求多，面向用户杂，这就要求设计师一方面能够理解各类用户的需求及在操作过程中的行为；另一方面，设计师也应该涉猎相关的技术知识。

UCD 所追求的目标是使产品、服务、平台和系统具有更高的使用效率、用户满意度，包括人们使用更便捷和管理更方便。

UCD 一般流程包括：

（1）确定场景：产品的主要用户是谁，驱动用户使用产品的动力是什么，用户有什么诉求以及用户在什么情况下使用产品。

（2）确定需求：在确定使用场景后，接下来需要明确的、详尽的产品需求。这个过程进一步帮助设计师创建用户故事板，并对其设定重要目标以使产品成功。

（3）设计构建：根据产品目标和用户需求，开始产品设计和开发的迭代过程。

（4）需求评估：针对预设的需求对可用性进行测试以获得用户对产

品的真实反馈。获得用户反馈是产品迭代优化的关键步骤和主要驱动力。

重复上述过程以进一步打磨产品（见图 7-1）。

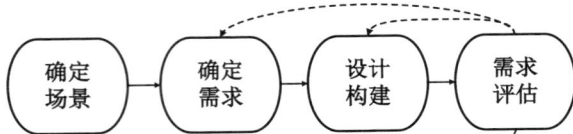

图 7-1　UCD 一般流程

上述阶段是常规的 UCD 流程，根据具体的项目排期、设计目标、开发环境等情况，可与敏捷开发或任何其他设计开发模式进行结合。

当设计师真正以用户为中心思考时，会将用户带入设计过程的每个阶段，设计师可以和用户沟通或者设身处地地为用户考虑，很多隐藏着的影响因素（不管有利或者有害）都会更容易被发现。用户是一个预警系统，设计师可以据此来修正设计。在这一过程中可以暴露许多方面——正面和负面——设计师本身可能忽略的可用性和可访问性等重要领域。这就是为什么以用户为中心的设计方法是如此重要。

数字化改革的意义不仅仅体现在具体的场景应用上，更体现在推动生产方式、生活方式、治理方式改变上。这意味着大量新兴的科技在各个环节被广泛使用，从而提高生产效率，改善生活水平，提升治理水准；在人们的生理需求得到满足的同时，心理需求也需要得到满足。数字化改革设计的产品使用体验必然会涉及人们在产品操作中的舒适、方便和乐趣及个性满足。

在过去，产品设计把精力与目标集中在设计的"结果"上，也就是说，只关注产品物质性功能生产制造的结果，却很少意识到在实际使用过程中，操作体验对人造成的积极和消极影响。在人与产品的交互

中，UCD 已经从关注用户的行为与认知转向了情感体验，产品的体验
设计也成为工业设计的目的之一。20 世纪中期，情感因素渗透到产品
研究的各个领域，在市场调研中，研究人员必须了解什么是满足用户
消费并产生快乐的关键；消费者研究旨在分析整个消费过程中，消费者
完整的消费行为；在人因工程中，情感理论常被用来探索产品的使用方
式，如用户选择产品的原因、用户的感受等；在工程技术领域，则会
采用感性工学来研究产品体验与产品特性的关系，从而创造出满意的
体验。

（二）数字化改革中的用户中心思维

随着云计算、大数据、人工智能、区块链等新一代信息技术的蓬
勃发展，数字技术在经济系统建设、社会系统建设、法制系统建设、
政府系统建设等领域的应用日益增加，"以用户为中心"的理念也成为
政府数字化改革日益重要的导向。一些学者认为，政府公共服务的出
发点就是"以用户为中心"，也就是说，为百姓提供便捷、舒适的服务
是政府公共服务的宗旨。其他学者认为，政府数字化转型作为一种现
象，意味着顶层决策策略、领导思路的转变，不论是公共服务的提供
者还是公共服务的流程都会与之前有所不同，特别是强调"人民即为
用户"。

值得注意的是，以往企业所强调的"以用户为中心"的逻辑是商业
化、利益化的，在数字化改革的过程中，政府所强调的"以用户为中
心"应遵循公益化逻辑，这里的用户指的是服务的提供者（公务人员）
和服务的使用者（人民）。也就是说，政府数字化改革不应只把传统意
义上的使用者——人民视为用户，还应当把服务的提供者——公务人
员也涵盖在用户的范畴内，强调这两者的使用感和体验感，并把其作

为衡量公共服务质量的重要依据，以全体用户的价值和体验作为数字化改革的出发点和落脚点。

从使用者的角度来说，政府的数字化改革中人民良好的个人体验主要体现在三个方面：一是对政府数字化服务有效性的个人体验，指的是人民能够以最高的效率和最小的劳力成本获得政府提供的数字化服务。政府的数字化社会服务系统可以快速地响应终端用户的需求。人民作为使用者，通过一体化智能化公共数据平台，只需要进入一个终端，就可以迅速地和各部门建立联系。通过政府的横向一体化，实现部门之间的高效协同，人民不需要在多个部门之间奔波和重复提交材料，就可以一次性完成相关事宜。二是政府数字服务便捷性的情感体验，指人们在使用数字终端（平台或程序）时感受到的便捷、快捷、愉悦的体验。这种便捷性体现在易用性和易得性两方面：一方面，人民在操作时不存在任何技术上的障碍，流程流畅清晰，有问题都可以得到便捷解决，即使是"数字边民"也可以跨越"数字鸿沟"。另一方面，人民能够在任何时间、任何地点得到相应的服务，不需要多次奔波、访问多个部门。三是对个人信息的安全性体验，是指人民在使用数字化终端过程中及过程后的数据得到安全保障。强调数据共享以实现部门横向纵向一体化的同时，人民的个人信息需要得到保护。政府应当围绕数据采集、传输、存储、处理、交换、销毁等环节，构筑公共数据全生命周期安全防护体系，从而保护人民的个人信息安全。可以看出，在"互联网+"时代，面向"用户体验"的改革既包含从上到下：体制、政府、组织的变革，还包括从里到外：文化、技术和管理的迭代。

从服务的提供者的角度来说，在政府的数字化改革中，公务人员的良好体验主要体现在三个方面：一是数字工作平台的提供，即为公务人员提供更好的工具、流程和治理方式，增加公务人员与人民、公务人员与公务人员之间的沟通效率，公务人员可以通过各部门通用的数字化工具大大简化繁复的办公流程，使各个政府部门之间都能管理、自主和有效运营包括跨部门服务在内的各种数字服务，在提高服务效率的同时保证服务的质量，使公务人员更容易和更有效地工作。二是数字化培养机制的完善，在数字化改革过程中，公务人员的工作环境、工作内容都会发生变化，数字化政府的领导和公务人员需要掌握正确的技能和数字文化，公务人员需要正确理性地面对数字化改革对公共服务工作造成的影响，接纳数字化技术并充分利用数字工具为人民服务。三是政府数字文化的培育，在确保全部门的公务人员能够支持政府数字化改革的同时，还应该发展优秀的政府数字文化。提升政府人员的数字技能的同时，让数字技术专家理解政府业务，这些可以通过完善的选拔和培养机制来实现。

与此同时，将用户体验引入政府数字改革的逻辑包含两个非常重要的内涵：第一，"用户"不是"客户"。鉴于过去一些国家在公共服务数字化过程中，习惯于复制商业领域的用户体验逻辑和商业行业的"以用户为中心"理念，反思被曲解为"以客户为中心"的现象；第二，"用户"的主体是人民和公务人员，而不是政府，在传统电子政务中，注重技术发展，强调以政府为中心，忽略了数字化公共服务的提供者和对象的关系，这是对"以用户为中心"的理念的另一种曲解。

就第一个方面而言，在新公共管理领域，一些理论将人民视为"顾客"，认为公共服务中"顾客为上帝"，非常重视公共服务的竞争力和低成本，但忽视了公共服务中人民的用户体验；它强调了提供公共服务本身，而忽视了通过特定中介和平台获得公共服务的过程以及对这一过程的具体感受。在公共管理改革过程中，一些国家通过强制竞争、外包、融资和放宽限制来满足"客户"的需求，这导致了政府公共服务的分散化，割裂了人民的用户体验，给他们带来了不良的个人体验。特别是对新公共管理非常热衷的国家，比如英国、新西兰、澳大利亚等，这种碎片化的影响非常明显；这不仅体现在政府部门内部，还体现在部门和部门之间、政府与社会之间高度分散的状态，导致了公共服务供给的混乱。人们厌倦了一次又一次地提交各种材料这样漫长而艰难的公共服务过程。数字化政府强调人民是"用户"，他们不仅仅是公共服务的"消费者"，更是"使用者""体验者"，强调人民通过各种信息平台获得公共服务过程的良好感知，以人民的便利性和体验感为目标。其注重以用户为导向的再整合，注重以人为本的服务，并将流程数字化，以信息和数据为辅助手段，这突破了以前的新公共管理时代的桎梏。

就第二个方面而言，"以政府为中心"是以前数字公共服务传统阶段的主要认识。在这个理念中，以往的信息技术设备供应商把政府当作用户，政府的服务体验成为传统电子政务中最为关注的问题。政府利用信息技术的主要目的是提高自身效率。因此，许多国家投入了大量资金，积极推进电子政务建设，更多的只是在技术层面升级了办公环境，包括在线办公、自动办公、电子办公。但是这对于普通人来说，很难有效地使用这些电子表格获得公共服务；也无法保证和政府沟通的时效性。研究表明，超过一半的电子政务项目完全或部分失败。这些调查表明，这些电子政务项目失败的原因主要是项目不落地、计划过于高远、管理没有经验；在更深层次上，则是因为这些项目远远不能满足人们的期望。尽管这种政府中心主义在随后的发展被有意识地削弱，但人民的用户体验并没有得到充分体现。政府数字化转型中的"人与用户"重点在于人民是真正的最终用户，其目的是方便人民。人民的感受和认可是政府数字化项目最基本的基础。在电子政务转型中，政府所做的不仅仅是提供信息和服务，而是努力实现以人为中心。

二、用户体验成为政府数字化改革的关键

（一）政府数字化改革如何导入用户体验战略

政府数字化改革是一场公共服务的深刻革命，是一项繁复的系统工程，涉及跨部门多场景的协同应用，需要在党和政府的领导下，统筹运用数字化技术、数字化思维、数字化认知，把数字化、一体化、现代化贯穿在建设的全过程、各方面。应当充分借鉴全球政府数字化转型的经验，结合我国基本国情，因地制宜地做好数字化改革的管理战略和政策制定工作，依照可行的路径分步实施，持续推进，不断提升公共服务的便捷化、个性化、智慧化、安全化水平。

1. "以用户为中心"——改善公共服务中人民和公务人员的用户体验

政府数字化改革需要践行以用户为中心的发展思想，以人民和公务人员的满意度、幸福感和获得感为检验标准，以全体用户的价值和体验为数字化改革的出发点和落脚点。

在国外政府数字化转型的经验方面，美国政府数字化转型的四项基本原则其中就有坚持以用户为中心的原则，强调围绕用户需求创建、管理数据，允许用户在任何时候以任何他们希望的方式使用数据；英国《政府转型战略（2017—2020）》中提出的五个目标，其中第一个即为改善用户体验，政府更多地从用户需求出发，建立政府在线服务的标准，及时更新技术实施规范和其他适用标准，致力于改善民众与政府之间的关系；澳大利亚政府在数字化转型过程中，也明确将以群众为中心作为改革要素之一，同时对线上线下服务进行改革，在线上领域，以用户需求为导向，对相应服务进行设计和重新设计，与此同时，对线下服务进行高质量迭代。党的十九大指出要始终坚持以人民为中心，以

人民为中心也是习近平新时代中国特色社会主义思想强调的核心理念。以上这些理念异曲同工，由此可见，以"用户""群众""人民"为中心，是全球政府数字化转型的基本共识。在人民通过终端和平台使用公共服务的同时，公务人员也需要通过终端和平台来提供服务。从广义上来说，人民和公务人员都是设备的使用者，因此在政府数字化改革过程中，应坚持"以用户为中心"，改善公共服务中人民和公务人员的用户体验。

2. 一体化和全方位——全面推进改革高效协同，自上而下，相互贯通

数字化改革具有极强的引领性、整体性和撬动性，是引领发展格局、治理模式和生活方式变革的关键变量，具有牵一发而动全身的放大效应，因此网络、平台、数据、场景要统筹规划、整体设计、一体考虑，才能发挥整体的最大效应。

美国政府数字化转型强调共享平台原则，政府各部门内部以及部门之间的雇员一起工作，以降低成本，并且以统一标准的方式创建和分发信息。英国数字政府转型建设强调不拘泥于形式，鼓励并善于使用新数字时代的科技和理念，从而帮助政府更快、更好、更便宜地实现政府公共服务的良好重组。澳大利亚政府数字化转型强调协同治理和数据共享，鼓励公立部门和私营部门合作，并共享线上服务设计的方法和服务系统，分享数据使用的方法。我国政府发布了《国务院办公厅关于印发政务信息系统整合共享实施方案的通知》《浙江省数字化改革总体方案》也将推进一体化智能化公共数据平台建设作为重点任务之一。综上可知，数据共享、服务共享以消除部门之间的"数字鸿沟"是各国政府都极其重视的事情，是数字化转型的核心引擎，我国政府数字化转型应当坚持一体化、全方位原则，充分发挥政府数据价值。

3. 对内改革——培养公务人员数字化素养，激发部门内部数字化活力

政府数字化转型中若要保证可持续发展，数字化素质的高水平人才必不可少。短期内，这可能不会直接改变政府政策结果或政府服务的效果；但长期而言，对促进政府内部合作进而有效地实现数字化变革至关重要。同时，数字政府也需要培养用户体验相关人才，以在用户调研、市场分析、功能设计、用户交互、视觉设计、数据分析及持续改进等环节提供系统的理论及工作支持。政府工作人员如果缺乏数字化素养，就无法深刻理解数字化转型的意义，也无法更好地开展数字化改革工作，从而影响数字化改革进程。

国际上，政府数字化转型较为成功的国家的经验已经佐证了这一点。美国政府数字化注重加强培训和宣传，提高政府部门的数字化水平。英国提出要培养人员、提升技能、培育文化，提升政府部门主要负责人的数字素养。澳大利亚建议提高政府人员的数字素养，提高服务能力，制定数字工具政策和使用指南，加强员工的数字工作能力。依照这些政府数字化转型典型国家的经验，我国政府数字化转型的过程中也要注重培养政府工作人员数字化素养。

4. 制度保障——建立技术标准和业务规范

政府数字化转型应建立制度保障，制定建设、管理与应用、监督与考核等一系列技术标准和业务规范。

标准、规范和制度是支撑政府数字化转型的重要保障。美国政府在数字化转型中提出完善机构法规政策，以实现标准化数字政府，进一步保障数字政府的高效、标准化运作。英国提出了建立政府网络服务的标准，改进用户体验，及时更新技术规范和其他适用标准。澳大

利亚政府提出要做好政府数字化服务标准保障。上述先进经验为我国政府数字化转型提供了宝贵借鉴，我国政府也应当加快推动和制定完善数字化改革相关法规规章和制度。在业务流程再造、数据共享开放等方面制定配套制度，修订或废除与数字化改革要求不匹配的行政规范性文件。加强标准化建设，构建配套标准、数据共享标准、作战管理标准、技术应用标准、行政服务标准、业务安全标准、系统应用标准等数字化改革平台。在国家信息化标准安全体系框架下，积极构建具有地方特色的数字化改革地方标准体系，推动标准有效实施。建立一体化智能化公共数据平台规划、建设、运维和运营领导责任制，推行"项目化实施＋专班化推进"方式，完善跨部门、跨领域、跨层级高效协同机制，健全数字化改革平台支撑的工作体系，提升改革主体的数字化能力。做好标准体系保障工作，制定统一的技术标准和业务规范，确保数字化改革的科学化、标准化。

（二）政府数字化改革如何实施用户体验战略

在高新技术层出不穷的今天，我国政府在借鉴国外先进理念和实践经验制定数字化改革方案的同时，也要立足于我国具体国情，做好顶层设计，建设规范高效的应用集成体系、一体化数据资源体系和政务网络安全体系，从而推动政府数字化改革平稳、快速、安全发展。政府数字化改革的实施路径有以下几个。

1. 构建数字化顶层设计

政府数字化改革是一次全方位、全领域的复杂系统改革，为保障改革进程有目标、有方向、有路径、有节奏地持续推进，顶层设计和顶层设计流程规范缺一不可。数字化改革的顶层设计，应当以党的全面领导为主线，推进党政机关全方位、系统性、重塑性变革，构建综合集成、协同高效、闭环管理的运行机制，更好发挥党委"总揽全局、协调各方"作用，推动党的全面领导在"制度""治理""智慧"三个维度持续提升。顶层设计整体流程可分五个阶段：顶层设计咨询、总体方案设计、开发治理、交付验证和运维运营，每个阶段都应该配备相应的使能技术与工具。数字政府需要持续运营，要对政府数字化改革进行全生命周期管理，并且不断优化扩容和迭代开发。

同时，为人民创造用户价值的关键目标应该得到充分体现，甚至是以基本原则为导向，从而真正实现以用户为中心的思想。参考国外政府数字化转型的先进国家，美国政府数字化转型的四项基本原则中就有坚持以用户为中心的原则，强调围绕用户需求创建、管理数据，允许用户在任何时候以任何他们希望的方式使用信息；英国在《政府转型战略（2017—2020）》中提出的五个目标，其中第一个即为改善用户体验，政府更多地从用户需求出发，建立政府在线服务的标准，及时更新技术实施规范和其他适用标准，致力于改善民众与政府之间的关系；澳大利亚政府数字化改造也将以群众为重点，作为线上线下两个领域服务的重点内容之一，在线上设计和提供相关服务，以满足用户需求，并在线下继续保持提供高质量的服务。在我国，党的十九大指出要始终坚持以人民为中心，习近平新时代中国特色社会主义思想中也强调了以人民为中心的核心理念。由此可知，以用户为中心是全球政府数字化改革的共识。以用户体验为核心的数字化顶层设计可以保障改革进程定目标、有方向、寻路径地持续推进。

2. 建设智能化应用体系

数字化改革的重点之一就是打通部门之间的壁垒，让数据多跑，让用户少跑。因此，需要建立规范高效的应用集成体系，建立健全统一的应用协同机制。围绕应用或平台开发、部署、运行等关键环节，把握规律，贯彻以人为本、以用户为中心的思想，构建应用管理标准化流程。将综合智能应用支持系统作为一个整体进行规划，为各部门的业务应用开发提供公共支持。按照"整体智治、高效协同"理念，依托一体化智能化公共数据平台，避免各自为政、另起炉灶、重复建设，聚焦构建产业大脑建设体制机制、建立完善"未来工厂"建设机制、优化资源要素配置体制机制、健全数字贸易体制机制等重点任务，建立完善重点任务指标体系、工作体系、政策体系、评价体系，加强相关核心业务数字化应用迭代升级和系统集成。推进用户中心、交互中心、业务中心、信用中心、空间中心、智能中心建设，大力提升一体化智能化应用支撑能力。通过对一些使用频率高、使用场景广、必须使用的功能和组件进行规范化设计，支撑各部门之间应用的规范开发、高效集成、稳定运行、性能提升，降低用户使用应用的学习成本，促进用户体验优化。

3. 建设一体化数据体系

形成共建共治共享、数据循环利用的机制，是数字化改革的重中之重。因此，政府数字化改革应建设一体化的数据资源体系。政府数字化改革基于规范高效的一体化应用体系，及完善的公共数据共享交换技术规范和管理办法，推动公共数据和社会数据融合应用，形成数据开放创新生态体系，从而打破信息孤岛，打通数据壁垒，实现纵向上跨层级、横向上跨部门、空间上跨区域的数据共享，让数据融合流动形成云资源。依托政务云，促进医疗、教育等公共服务行业云基础设施建设。利用监管控制系统，保护云资源数据安全，不断提高云资源利用效率。完善政务网络体系。建设公共数据基础域、共享域、开放域，为数字化改革提供重要数据支撑。加强基础域建设，扩大公共数据按需归集和管理范围，实现全领域数据高质量供给。完善全省统一的公共数据目录体系，推进数据目录的全局化、动态化管理，建设智能标签系统。将公共数据归集范围扩大到党委、人大、政协、法院、检察院等机构；将医疗、教育、环保、水电气等行业的社会化公共数据纳入公共数据管理范围，推动社会化公共数据与政府公共数据的融合打通，实现数据"按需归集、应归尽归"。加强共享域建设，构建大数据仓库体系，形成全省共建共治共享、数据循环利用的机制，支撑重大改革应用。加强与国家一体化政务服务平台对接，构建完善省市县一体的协同高效数据共享协调机制，实现数据"应共享尽共享"。加强开放域建设，完善开放域工具，推动公共数据和社会数据融合应用，形成数据开放的创新生态体系。完善公共数据平台开放域管理系统，提升监测监控、数据脱敏等模块功能，确保数据开放和应用安全合规。迭代升级电子政务外网，整合部门互联网出口，实现公共服务网络与政务外网的互联互通，从而实现公共服务数据服务化、价值化、资产化，以加快政府的数字化改革。

4. 建设可靠的政务网络安全体系

数字化改革强调一体化数据资源体系的建设，数据在各个部门之间共享流通，这需要严密可靠的政务网络安全体系。首先，应当健全网络安全制度体系。落实网络安全同步规划、同步建设、同步实施要求，推动安全与应用协调发展。落实国家网络安全相关法律法规，完善安全等级保护、保密信息系统分类保护、风险评估体系、预警应急体系，建立网络安全保密责任制。这个安全体系同时应具备基于大数据技术，对态势有实时感知能力的全域安全体系。健全网络安全制度体系，全面落实网络安全同步规划、同步建设、同步实施要求，推动安全与应用协调发展，实现全域实时洞察、全域联动防御、大数据 AI 智能驱动。其次，应该完善涵盖数据安全成熟度模型方法论，提升敏感数据资产管理、数据风险审计等核心数据安全保障能力，保障数字政府业务安全、数据安全和运营安全，以及整体网络空间安全。再次，需要建立健全数据安全防护能力评估指标，推动数据安全管理工作可量化、可追溯、可评估，围绕数据采集、传输、存储、处理、交换、销毁等环节，构筑公共数据全生命周期安全防护体系。

三、数字化改革用户体验评估与云平台构建

（一）数据驱动的用户体验管理评估

因为种种原因，新生的数字化改革政府服务难免会面临一些挑战，一是没有专业的用户体验团队，在用户调研、市场分析、功能设计、用户交互、视觉设计、数据分析及持续改进等环节没有系统的理论及工作支持，导致存在一定的用户体验问题，如无法形成有效的优化机制来持续有效地优化服务的用户体验；二是现有的服务管理机制难以建立快速的产品反馈和持续优化闭环，公共服务数字化方兴未艾，产品迭代上没有实现用户体验的快速提升，从长远的用户体验价值维度去衡量公共服务有助于更好地体现其价值。针对上述问题，我们结合大数据技术构建基于 GSM 模型（一种指标体系，该体系主要是用来量化用户体验，GSM 分别为目标 Goal、信号 Signal、指标 Metric，所以也简称 GSM 模型）和 HEART 框架的用户体验评估体系，并构建管理用户体验的云平台体系，从改善用户体验入手推动数字化改革。

用户体验是用户在使用产品或服务时建立的一种主观的、全局的心理感受。目前研究用户体验方法有很多，包括问卷调查、卡片分类、情景访谈、启发式评估、可用性测试等。这些研究方法可以从更全面的角度研究用户的体验，在用户体验中一些无法用量化方法解决的难题上卓有成效；然而，这类方法也存在样本少、难以持续跟踪用户行为的不足。但基于数据的新技术可以解决这个问题，大大拓宽了这类方法的使用场景。特别是大数据技术，它具有 5 个特征：大量化（Volume），大量的数据能够涵盖全局用户而不仅仅是抽样用户，能够更全面地研究用户体验；高速化（Velocity），对用户数据实时分析，对用户进行针对性设计，使得用户体验得到进一步的提升；多样性（Variety），多方面多角度的数据为了解用户个性化特征提供了更全面的信息；价值化（Value），大量的数据需要有效地筛选出有意义的价值；准确性（Veracity），大量的数据可以筛选出有针对性的数据，这可以保证分析所得结果的精准性。这些特性为用户体验分析提供技术保障，对后续设计提供参数化的参考。

1. 用户体验指标体系

在网络时代，互联网产品收集到的用户数据多且杂，对数据进行清洗筛选比较复杂，加上用户体验受主观因素影响较大，评价和度量用户体验变得越来越难。因此，谷歌公司的用户体验团队提出了 GSM 模型。首先，明确产品或者功能的目标。然后，定义转化的信号。最后，建立适用的指标。而对如何确定目标和与之对应的信号和指标这个问题，谷歌的用户体验师克里·罗登（Kerry Rodden）等人提出了以用户为中心的度量体系"HEART"框架。H 指满意度（Happiness），是用户在体验中的主观感受，这涉及用户对产品的满意感、向别人推荐的意愿、产品使用等方面的感知。E 指参与度（Engagement），是在产品设计过程中用户参与其中的程度。设计团队可以通过一段时期内用户访问产品的频次、强度或互动深度等方面综合运用相关数据来判断用户的参与度。用户对产品使用的频次越高，互动越多，说明对产品的体验越好。A 指接受度（Adoption），R 指留存度（Retention），企业可以用这两项指标来区分新用户和老用户。接受度用于监控在某一个阶段使用产品的新用户的数量比例。留存度用于监控特定时期过后有多少比例的老用户继续使用产品。T 指任务完成度（Task Success），包括一些传统的用户行为指标，如任务完成的及时性，完成任务的百分比和完成任务时出错的百分比。

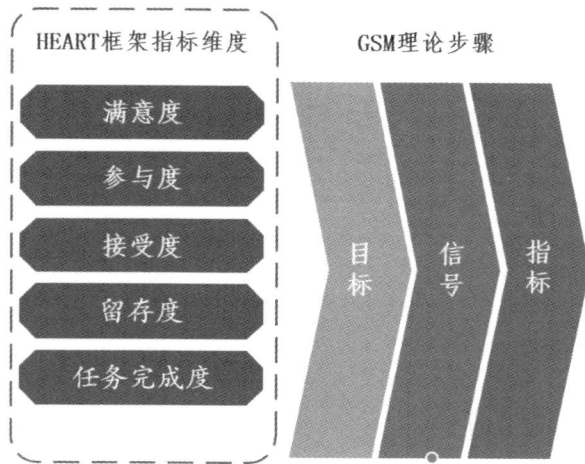

图 7-2　基于 GSM 模型和 HEART 框架的用户体验指标体系构建模型

2. 用户体验指标体系举例

运用 GSM 模型和 HEART 框架的用户体验指标体系构建模型即

可对数字化产品和数字化服务使用针对性的产品用户体验评价指标体系，表 7-1 为对数字化产品的通用评价指标体系，通过 GSM 模型和 HEART 框架两个维度来对指标进行逐步拆解分析，将 HEART 框架中的各个维度作为 GSM 模型中的目标维度，对其进行目标的多层分级，找到最次级目标对应的信号和指标，通过相关测量方法得到的指标便可以指向反馈 HEART 框架中的五大目标维度。

表 7-1　基于 GSM 模型和 HEART 框架的用户体验指标体系举例

目标（Goal）			信号（Signal）	指标（Metric）	
目标维度	一级目标	二级目标		指标	测量方法
满意度	有用性	设计合理满足需求	通过可用性测试	测试通过率	阶跃函数
		功能可靠稳定	产品无重大缺陷	事件数及等级	埋点、序列
	易用性	使用流畅	界面加载快	迅捷页面占比	埋点、序列
	界面设计	界面简洁符合习惯	交互设计符合规范	设计走查通过率	阶跃函数
	推荐意愿	愿意推荐他人使用	推荐给他人使用	净推荐值 NPS	埋点、问卷
参与度	吸引度	对内容感兴趣	活动页面驻留	页面停留时长	埋点、序列
			关键页面点击	UV/PV	埋点、序列
	参与度	使用服务积极性	平均参与度高低	平均每日参与度	埋点、序列
	曝光度	更多人知道产品	产品曝光量大	渠道页面曝光率	埋点、序列
接受度	下载量	下载产品的人次	更多人下载	安装单日增量	埋点、序列
	注册数	注册产品的人次	新增用户注册	新增注册数量	埋点、序列
留存度	黏性	回访人次	更多的用户回访	单周留存	埋点、序列
	活跃度	频繁使用服务	参与频率高	单周累计参与	埋点、序列

续表

目标（Goal）			信号（Signal）	指标（Metric）	
目标维度	一级目标	二级目标		指标	测量方法
任务完成度	操作简单	便捷的使用服务	操作时间短	操作完成时间	埋点、序列
	操作可靠	成功使用服务	没有中途放弃	页面跳出率等	埋点、序列
		问题能够及时解决	问题快速解决	客服响应时间	埋点、序列
			问题都能解决	客服问题解决率	埋点、序列

满意度即用户在使用完产品之后的主观感受，外在表现在推荐意愿——是否愿意推荐他人使用，可以通过净推荐值 NPS 作为指标进行量化评分；内在表现则可分为有用性（功能需求是否达到）、易用性（使用起来是否流畅）、界面设计（界面是否符合习惯），分别可以通过阶跃函数、埋点等方法进行测量。

参与度即用户的参与程度，可细分为吸引度、参与度和曝光度。吸引度为用户能够产生兴趣并参与进来，在信号阶段又可以简单地分为在活动界面停留时间长短和关键界面点击数量，对应指标即为页面停留时长以及服务普及率和 UV 数增加；参与度为用户使用服务的积极性，指标为每日用户使用服务的频率；曝光度为知道该数字服务或产品的用户数量，可以通过渠道页面曝光率来记录用户的来源。

接受度即用户使用电子服务或产品的意愿，体现在下载量和注册数。这二者可以通过埋点在数据上得到非常直观的体现。

留存度即一段时间内持续使用该数字服务的用户比率，体现在用户黏性和活跃度两个方面：黏性通过单周留存指标来衡量；活跃度通过单个用户单周累计使用服务的平均数来衡量。

完成度的重点是用户任务的完成情况，一方面是操作是否简单，这影响到用户完成的效率如何；另一方面是操作是否可靠，这影响到用户完成的成功率如何。如果用户能够高效完成任务，则整个任务的操作步骤则会比较少，完成任务花费的时间也会比较少，对应用来衡量的数据指标是单用户自进入任务页到结束一次活动的点击次数以及花费的时间。操作可靠则需要通过服务流程是否能够解决来衡量，指标体现在跳出页面时任务的完成率；操作可靠同时还有任务无法完成的情况下，问题是否能够解决，以及解决的速率，分别通过客服表现记录来进行定量分析。

表 7–1 举例的用户体验指标体系在一定程度上可以满足部分数字化服务和产品用户体验评价的需求，不过对某个特定的数字化服务或产品，需要有专业的用户体验团队对其进行针对性设计。

（二）基于数据智能的用户体验管理云平台

基于数据智能的用户体验管理云平台的目标是通过全面的用户体验管理，帮助项目组不断提升产品创新和服务能力，从而提升用户体验，促进用户数量增长。基于用户旅程采集行为、反馈数据，并且对接数字化产品或服务的内外部各类数据，形成以用户为中心的主、客观双数据的大数据链。结合基于用户旅程和业务流程构建的模型和算法，形成洞察，并按照企业各个角色的分工推送相应的体验报告和预警，推动员工行动，从而形成以数据为基础，以模型算法为洞察的全面体验管理闭环，不断敏捷迭代，帮助企业提升体验，促进产品创新，用户增长。

传统用户体验评估及优化都是以部门职能为导向，体验动作体现在单一环节或单一触点上，无法打破部门及渠道壁垒，存在着监控不全面、响应不及时、处理效率不高的问题。良好的用户体验管理，应该是以用户为中心，以用户旅程为基础，打通企业内部所有部门，建立内外协同的全面体验管理闭环。而建立全面的体验管理闭环有以下困难。

1. 难以通过数据应用产生价值

在大数据等技术较为成熟的今天，沉淀数据相对丰富，但从杂乱无序的数据中进行洞察分析进而提升价值的难度依然很大。这与数据的集成方式有关，目前数据往往并不是以用户为中心集成的数据链，而是以运营数据、用户行为数据、用户反馈数据等离散形式存在。这些离散数据难以聚合成有效的数据链供分析使用，且构建相应的数据链费时费力、成本较高。然而将这些离散数据聚合集成的数据链，能够提供重要的应用价值。借助以用户为中心的数据链，市场、销售、产品研发、售后、客服等部门能够感知用户的真实需求、及时获取用户反馈，协同提升用户体验（见图 7-3）。

图 7-3　建立以用户为中心的数据链

2. 核心痛点难以洞察，且了解问题产生原因耗时长

很多互联网企业在建立自己的数据中台基础上，也构建了各个角色的数据看板，但是这些数据看板尚停留在数据呈现的初步阶段，难以清晰明确地凸显数据背后的核心痛点。我们也常常发现一些现象：看到数据变化，却难以知道问题出在何处；知道问题出在哪里，但不知道问题的根本原因是什么；了解了问题的根本原因，却难以判断哪些核心问题需要优化，哪些问题可以与企业发展共存。因此，亟须以体验指标作为衡量的标准，构建统一的体验指标体系。图 7-4 是一个从用户旅程维度分析用户需求和痛点的示例，从用户视角出发，将用户的产品使用过程分解为渠道接触、活动页着陆、注册平台、收藏产品、付费购买、分享传播等阶段，以时间线的形式表达和用户的接触点（触点）。通过在每个阶段构建相应的用户体验指标，建立各个环节用户转化的漏斗模型，企业可以量化用户体验。通过分析数据的变化，企业可以快速找到并解决客户痛点、准确设计触点、改进用户体验效果。

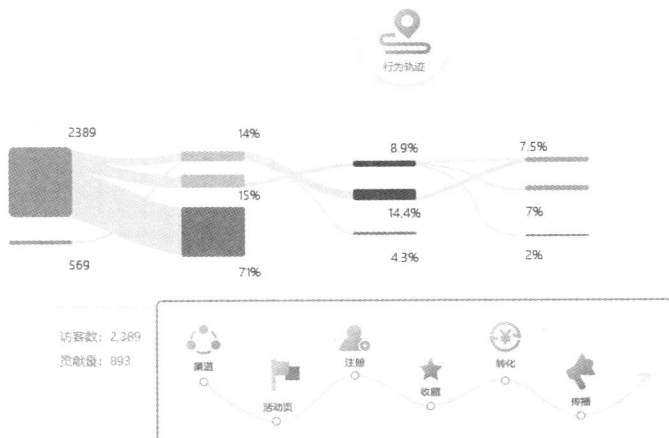

图 7-4　从用户旅程维度分析用户需求及痛点

3. 闭环管理机制难以做到及时、有效

在体验问题的优化上，大部分企业往往难以做到统一、及时地行动。因为企业或政府部门大多都以各个部门为基础构建相应的体验管理闭环，很难协同全面的体验管理。同时，体验问题涉及方方面面，往往需要多个部门及时协同处理。因此，统一的体验预警和闭环处理机制是体验管理的核心能力（见图 7-5）。

图 7-5　预警及闭环管理

针对上述痛点，广州知了科技有限公司（以下简称知了科技）提出了优秀的解决方案。知了科技是浙江大学华南工业技术研究院用户体验创新中心的孵化企业，也是国内第一家基于双数据驱动原理开发互联网平台产品的软件公司。通过近 20 年的用户体验从业经验，结合

浙江大学人工智能的科研成果，从产品或服务的全渠道智能数据获取，建立数据模型到机器学习，形成了智能化的用户体验全流程解决方案（见图 7-6）。知了体验管理提出了"数据 > 洞察 > 行动"全面体验管理闭环的解决方案。即以客户为中心的大数据，结合客户旅程形成指标体系和模型，通过大数据的计算得出洞察，并把结论推送到各个角色，及时促进行动优化体验。

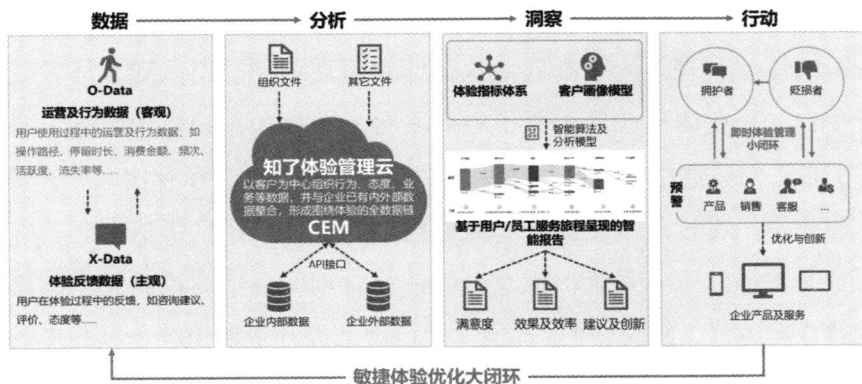

图 7-6　知了体验管理云

四、数字化改革用户体验管理典型案例

（一）身后事联办应用

政府为优化办理人员死亡后户籍注销、社保金和抚恤金发放（停发）等事项的服务，降低用户使用难度，提高用户满意度，与知了体验管理云平台展开合作。合作开展的一个月内，知了体验对该服务系统进行了评估指标体系导入，平台埋点方案部署及体验监测实施，并

推动全员行动和闭环管理。通过调查问卷设计、下发、收集和数据整理，结合埋点数据分析，发现关注度较高的任务包括：逝者申报、部门查询、进度查询和政策法规查询，但这几项任务的触发率和完成率都偏低。知了体验逐一分析各项任务，解析问题出现的原因并给出了翔实建议，使得该应用的用户体验有了显著的提升。

（二）私有化部署案例

某综合商超零售会员全球领导品牌在中国区线下门店、电商实施全面的体验管理，为更高效地执行体验管理闭环，引入知了体验管理云平台。企业内部已经采集了电商平台上的相关用户行为数据，且构建了自己的数据中台。知了体验通过灵活的 PAAS 的私有化部署，降低企业成本，迅速接入企业内部数据构建模型和算法，形成洞察，并打通企业内部的工单系统形成及时的体验管理闭环。通过一年多的持续体验管理运营，NPS（净推荐值，即口碑）提升了近 10%，其相应的客户续费率也提升了近 15%（见图 7-7）。

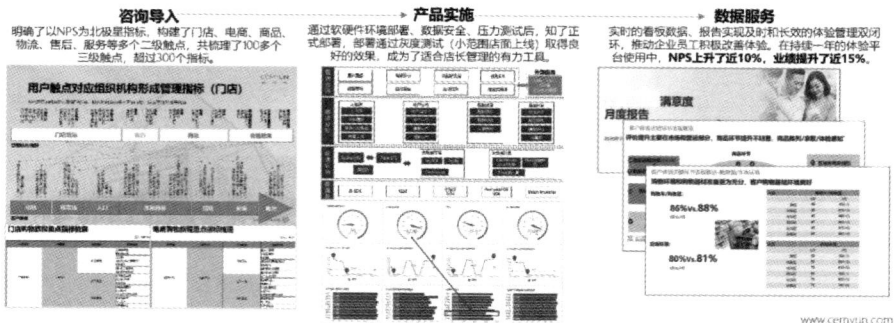

图 7-7　某大型企业私有化部署案例

（三）SaaS 平台案例

某餐饮零售服务行业上市公司在全国各地开设了近千家连锁、联销店，并成功打入苛刻的日本市场。随着业务的扩大，客户多样性、地域差异性和加盟店形式差异性等都为体验的一致性带来了挑战。为了保证各种类型的连锁店能给消费者统一的体验，知了体验启动了从线上到线下餐饮连锁店的体验管理计划。

为迅速实施该计划，知了体验从主观体验数据着手，打通内容，构建体验指标体系，采用驱动算法，有效地提升了客户口碑。知了云打通外部各种渠道的点评内容，结合知了体验管理云平台的触发调研数据，构建以 NPS 为北极星的体验指标体系，采用知了体验提供的 NPS 驱动算法，即时洞察体验问题并积极推动员工行动，形成快速的行动能力。经此管理计划的实施，总部也能及时了解到各类店铺的体验情况，以及客户的需求及痛点，有针对性地实施产品创新和服务管理。通过半年的体验管理实施，整体 NPS 超过了业界标准，业绩提升了 5%（见图 7-8）。

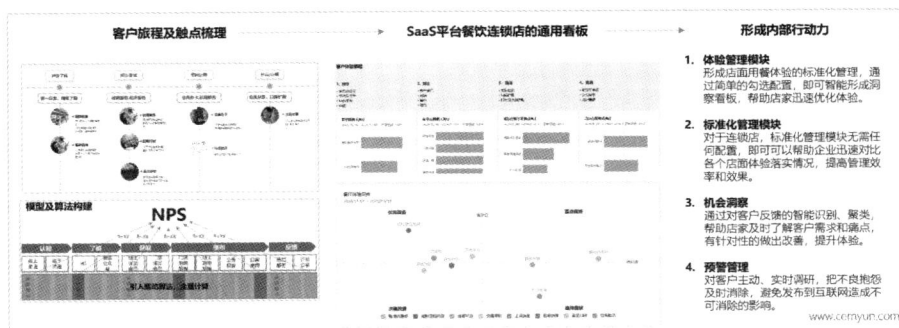

图 7-8　知了体验管理云 SaaS 平台应用

[罗仕鉴 浙江大学计算机学院工业设计系教授、博士生导师，浙江大学宁波科创中心（宁波校区）国际合作设计分院院长，浙江大学宁波理工学院设计学院院长；石峰 广州知了科技有限公司 CEO，浙江大学华南工业技术研究院用户体验创新研究中心副主任；龚何波 浙江大学计算机学院工业设计系博士研究生]

高峰按 ··

通过 UCD 来看数字化改革，我们收获了一种新的视角。在人与产品的交互中，UCD 已经从关注用户的行为与认知转向了情感体验，结合数字化改革来看，政府数字化改革不应只把传统意义上的使用者——人民视为用户，还应当把服务的提供者——公务人员也都涵盖在用户的范畴内，强调这两者的使用感受和体验，并把其作为衡量公共服务质量的重要依据，以全体用户的价值和体验作为数字化改革的出发点和落脚点。归根结底，数字化改革注重的是实干实效。人民的体验感和认可度才是政府数字化项目的最根本依据。对于电子政务转型，政府做的不仅是简单地提供信息和服务，而是力求实现以人民为中心的双向互动。传统用户体验评估及优化都是以部门职能为导向，体验动作体现在单一环节或单一触点上，无法打破部门及渠道壁垒，存在着监控不全面、响应不及时、处理效率不高的问题，良好的体验管理，应该是以用户旅程为基础，打通政府或企业内部所有部门，以用户为中心建立端到端的体验管理闭环，形成体验数据采集 > 实时监控 > 及时行动 > 效果评估的用户体验全流程解决方案，并将结论推送到各个角色及时促进行动优化体验，助力数字化改革取得实效。